柏拉图全集

PLATONIS OPERA

增订版

2

[古希腊]柏拉图◎著
王晓朝◎译

人民出版社

责任编辑：张伟珍

封面设计：吴燕妮

图书在版编目（CIP）数据

柏拉图全集 .2 ／〔古希腊〕柏拉图 著；王晓朝 译 . – 增订本 .
  – 北京：人民出版社，2015.10（2020.1 重印）
ISBN 978 – 7 – 01 – 015030 – 7

I.①柏… II.①柏… ②王… III.①柏拉图（前 427~ 前 347）–
  全集 IV.① B502.232-52

中国版本图书馆 CIP 数据核字（2015）第 153956 号

柏拉图全集［增订版］2
BOLATU QUANJI

〔古希腊〕柏拉图 著 王晓朝 译

人民出版社 出版发行
（100706 北京市东城区隆福寺街 99 号）

北京汇林印务有限公司印刷 新华书店经销

2015 年 10 月第 1 版 2020 年 1 月北京第 2 次印刷
开本：710 毫米 ×1000 毫米 1/16 印张：8
字数：115 千字 印数：3,001–5,000 册

ISBN 978 – 7 – 01 – 015030 – 7 定价：28.00 元

邮购地址 100706 北京市东城区隆福寺街 99 号
人民东方图书销售中心 电话（010）65250042 65289539

目　录

增订版译者前言

拙译中文版《柏拉图全集》自 2003 年开始出版以来，十来个年头匆匆而过。应社会大众的阅读需要，在出版界朋友的帮助下，全集多次重印，而在此期间，译者也在不断地听取和收集各方面的批评意见，并在教学和科研间隙对全集进行修订。最近几年，译者承担的教学和研究工作相对较少，有了对全集进行全面修订的充裕时间，遂有这个全集增订版的问世。

译者除了对原版译文进行逐字逐句的修订外，还做了以下工作：

(1) 原版中各篇对话的提要译自伊迪丝·汉密尔顿所撰写的各篇对话短序。本次修订，所有提要均由译者本人撰写，内中包含译者自身的阅读结果，写出来供读者参考。

(2) 考虑到研究的需要，也考虑到柏拉图的疑伪之作至今尚无最终定论，因此借修订之机，补译柏拉图伪作十六种。它们是：《阿尔基比亚德上篇》(Alcibiades I)、《阿尔基比亚德下篇》(Alcibiades II)、《希帕库斯篇》(Hipparchus)、《克利托丰篇》(Clitophon)、《塞亚革斯篇》(Theages)、《弥诺斯篇》(Minos)、《德谟多库篇》(Demodocus)、《西绪福斯篇》(Sisyphus)、《厄里西亚篇》(Eryxias)、《阿西俄库篇》(Axiochus)、《情敌篇》(Rival Lovers)、《论公正》(On Justice)、《论美德》(On Virtue)、《神翠鸟》(Halcyon)、《定义集》(Definitions)、《诗句集》(Epigrams)。

(3) 专有名词（人名、地名、族名、神名）有少量改动和增添；哲学概念和术语的译名结合近年来的研究动态有改动，并以注释的方式说明旧译和新译的基本情况。

(4) 文中注释有较多修改和增添。所有注释均由译者参照已有各种版本柏拉图著作的注释加以取舍、改写、综合、添加。

（5）柏拉图著作标准页在原版中在页边标注，考虑到中国人的阅读习惯和排版的方便，修订版改为文间标注。

（6）除原版中列举的参考资料外，本次修订着重参考了下列图书：

J. Burnet, Platonis Opera, 5 vols, Oxford, Clarendon Press, 1900——1907.

Plato, Complete Works, ed. By John M. Cooper, Hackett Publishing Company, Indianapolis, Cambridge, 1997.

（7）参考 John M. Cooper 编辑的英文版柏拉图全集中的索引，重编增订版索引，并增加希腊文对照。

近年来，中国高校大力推广人文素质教育，阅读经典著作成为素质教育的重要内容。为适应这种社会需要，译者将修订版的《柏拉图全集》分为十册出版，以解决全集篇幅过大，一般学生和社会读者难以全部购买的问题。待各分册出版完成以后，再视社会需要，出版完整的增订版《柏拉图全集》。现在，全集分册的出版已经完成。新的合集共分三卷，各卷包含的内容是：

上卷：中文版序、译者导言、柏拉图年表、柏拉图谱系表、柏拉图著作篇名缩略语表、申辩篇、克里托篇、斐多篇、卡尔米德篇、拉凯斯篇、吕西斯篇、欧绪弗洛篇、美涅克塞努篇、小希庇亚篇、伊安篇、高尔吉亚篇、普罗泰戈拉篇、美诺篇、欧绪德谟篇、克拉底鲁篇、斐德罗篇、会饮篇。

中卷：国家篇（10卷）、泰阿泰德篇、巴门尼德篇、智者篇、政治家篇、斐莱布篇、蒂迈欧篇。

下卷：克里底亚篇、法篇（12卷）、伊庇诺米篇、大希庇亚篇、阿尔基比亚德上篇、阿尔基比亚德下篇、希帕库斯篇、克利托丰篇、塞亚革斯篇、弥诺斯篇、德谟多库篇、西绪福斯篇、厄里西亚篇、阿西俄库篇、情敌篇、论公正、论美德、神翠鸟、定义集、书信、诗句集、总索引。

借《柏拉图全集》增订版出版之机，重复译者在原版"译者导言"中说过的话："译作的完成之日，就是接受批评的开始。敬请读者在发现错误的时候发表批评意见，并与译者取得联系（通信地址：100084清华大学人文学院哲学系；电子邮件：xiaochao@tsinghua.edu.cn），以便译者在有需要再版时予以修正。"

感谢学界前辈、同行、朋友的教诲、建议和批评！

感谢人民出版社为出版中文版《柏拉图全集》所付出的巨大努力！

感谢中文版《柏拉图全集》出版以来阅读过该书的所有读者！感谢中文版《柏拉图全集》出版以来，对该书作出评价和提出批评意见的所有人！

王晓朝

2017 年 9 月 18 日

卡尔米德篇

提　要

　　本篇是柏拉图的早期作品，以谈话人卡尔米德的名字命名。整个谈话由苏格拉底讲述，与苏格拉底交谈的有克里底亚和卡尔米德。谈话的开场白交代了谈话的背景和年代，即波提狄亚战役（公元前 432 年）刚结束的时候，这场战役是整个伯罗奔尼撒战争的起点。苏格拉底从波提狄亚军营返回雅典，一抵达就直奔他惯常去的运动场，与人交谈。对话中的苏格拉底约 40 岁，而卡尔米德还很年轻。苏格拉底以年轻人的良师益友的姿态主导了这场谈话。公元 1 世纪的塞拉绪罗在编定柏拉图作品篇目时，将本篇列为第五组四联剧的第二篇，称其性质是"探询性的"，称其主题是"论节制"。① 本篇篇幅较短，译成中文约 2 万字。

　　节制的希腊文是"σῶφϱον"，这个希腊词主要有三种含义：（1）理智健全、通情达理、头脑清晰，明智，与褊狭、愚妄、傲慢、错乱意思相反；（2）谦卑、稳重、博爱、仁慈，尤其指年少者对年长者、位卑者对位尊者的谦恭；（3）对各种欲望的自我约束和自我控制。这个词一般英译为"temperance"，而"σῶφϱον"的派生词"σωφϱοσύνη"一般英译为 self-control。掌握该词的三种含义对于理解本篇谈话有特殊的意义。节制是隐藏在"认识你自己""切勿过度"这两句德尔斐箴言背后的精神，它要人们接受美德为人性所设的界限，约束欲望的冲动，服从和谐与适度的内在法则。

---

① 　参阅第欧根尼·拉尔修：《名哲言行录》3：59。

　　本篇以寻找"节制"的定义为目标。对话中提出了这样一些定义：
(1) 节制就是有序而又平静地做事，就是对长者合乎礼仪的谦逊的举
止，恬静的合乎规矩的行为 (159b)；(2) 节制使人感到羞耻，使人谦
虚，节制就是谦虚 (160e)；(3) 节制就是管好自己的事，做自己的事
(161b)；(4) 节制就是做好事，不做坏事 (164b)；(5) 节制就是认识自
我 (165a)。苏格拉底在讨论中指出了这些定义的缺陷，引出了一个知
识论的定义：节制既是一种关于其他知识的知识，又是一种"关于节制
本身的知识"(166c)，"当一个人拥有知道他自己的知识，他就会认识
他自己"(169e)。然而，在苏格拉底的进一步诘难下，这一定义也遭到
失败，"我们已经承认为一切事物中最优秀的事物最后竟会变成毫无用
处的东西。"(175b) 苏格拉底使听众相信了自己的无知，但也在谈话过
程中激发了他们的独立思考。苏格拉底本人的观点反映了他的"美德即
知识"的观念所产生的困难。

正　文

　　谈话人：苏格拉底

　　【153】我们昨天黄昏时分从位于波提狄亚①的营地返回雅典，由于
在外甚久，我就去了以往常去之处，旧地重游一番，心里感到特别高
兴。特别是，我径直去了陶瑞亚斯②体育场，就在女王③神庙对面，在
那里我见到很多人，大多数是熟人，【b】有些我不认识。他们见我突然
出现，远远地从各处迎上前来，和我打招呼，那个野人似的凯勒丰④站
起身来，率先来到我面前，抓住我的手说："苏格拉底，你是怎样从战

---

① 波提狄亚 (Ποτείδαια)，城邦名，雅典邻邦，公元前 432 年背弃雅典，公元
　　前 429 年被雅典围困攻陷。
② 陶瑞亚斯 (Ταυρέας)，地名，词义为"公牛"。
③ 女王 (Βασίλη)，指冥府女王，其神庙位于雅典卫城 (ακρό-πολις) 南面。
④ 凯勒丰 (Καιρεφών)，雅典民主派人士，苏格拉底的朋友，性格暴烈，做事
　　莽撞，曾就德尔斐神谕向苏格拉底提问，参阅《申辩篇》21a。

斗中脱险的?"在我们离开波提狄亚之前,那里发生了激战,但是在雅典的人刚得到消息。

我答道:"就像你刚才看到我的这样。"

【c】他说:"我们在这里听说这一仗打得很厉害,许多朋友都牺牲了。"

我说:"这个消息相当准确。"

他说:"你当时在场吗?"

"是的,我在那里。"

"那就请你坐下来,给我们详细讲讲,到现在为止,我们还不知道什么细节。"说着话,他领我来到卡莱克鲁斯之子克里底亚①身边,让我在那里坐下。

【d】坐下的时候,我跟克里底亚和其他人打招呼,把军营里的事情讲给他们听,回答他们的提问,他们的问题很多,各不相同。

这些事说得差不多以后,我回过头来问他们家里发生的事,涉及哲学和年轻人的现状,有没有哪位青年变得智慧或美貌出众,或者两方面都很突出。此时,克里底亚朝着大门口看了一眼,【154】有几位青年正向这里走来,他们大声争论着,后面还跟着一大群人。他说:"苏格拉底,美貌出众的青年,我想你马上就能做决定,因为刚才进来的这些人都是那个被认为是当今最美貌的年轻人的开道者和情人,我想他本人不会离得太远,就要露面了。"

"他是谁?"我说,"谁是他的父亲?"

【b】"你可能认识他,"他说,"只是你离开此地时他还没有长大。他是卡尔米德②,我舅舅格老孔③的儿子,我的表弟。"

"苍天在上,我当然认识他,"我说,"他还是个孩子的时候就很值

---

① 卡莱克鲁斯 (Καλλαίσχρους),柏拉图外祖父的兄弟;克里底亚 (Κριτίας),柏拉图的舅父。

② 卡尔米德 (Χαρμίδης),克里底亚的表弟。

③ 格老孔 (Γλαύκων),克里底亚的舅舅,卡尔米德之父。

得注意。现在我想他必定已经长成个大小伙子了。"

"你马上就能看到他现在长成什么样，有多大变化了。"就在他说话的时候，卡尔米德走进了体育场。

你一定不可相信我的判断，我的朋友。只要涉及相貌俊美的人，我就是一把破尺子，因为每个这种年纪的人在我眼里都是美的。【c】即便如此，就在卡尔米德进来的那一刻，我还是对他的相貌和形体感到震惊，在那里的每个人在我看来都爱他，他一进来就把他们搞得神魂颠倒，还有跟在他后面的许多爱慕者。我这种年纪的人受到影响可能不足为奇，但我注意到，哪怕是那些孩子也没有一个在左盼右顾，而是盯着卡尔米德看，就好像他是一尊雕像。凯勒丰喊我说："【d】苏格拉底，你认为这位青年怎么样？他的脸蛋漂亮吗？"

"漂亮极了。"我说。

"如果他愿意脱衣服，"他说，"你就不会注意他的脸蛋了，他的身体非常完美。"

此时其他人也像凯勒丰一样议论着相同的事情，我说："赫拉克勒斯①在上，你们对一个人的描绘不平衡，如果他正好还有另外一样小东西。"

【e】"那是什么？"克里底亚说。

"如果他正好有完美的灵魂，"我说，"那是很恰当的，因为他出自你的家族。"

"他在这个方面也很优秀。"他说。

"那么，在看他的身体之前，我们为什么不让他袒露这个部分呢？他肯定已经到了愿意讨论事情的年纪。"

"确实如此，"克里底亚说，"因为他不仅是一名哲学家，【155】而且还是一名诗人，他自己这么认为，其他人也这么认为。"

"这是上苍的恩赐，我亲爱的克里底亚，"我说，"在你的家族可以追溯到梭伦。但是，你为什么不喊他过来考考他呢？尽管他还很年轻，

---

① 　赫拉克勒斯（Ἡρακλῆς），希腊神话中的大英雄。

当着你的面让他和我们谈话也没什么不妥，因为你是他的监护人和表兄。"

【b】"你说得对，"他说，"那我就喊他过来。"他马上对他的仆人说，"喂，去喊卡尔米德来见一位医生，他昨天对我说身体不舒服。"然后，克里底亚对我说："你瞧，他最近抱怨说早晨起来头疼。干吗不对他说你知道治头疼的偏方呢？"

"没理由不这样做，"我说，"只要他愿意过来。"

"噢，他会来的。"他说。

【c】他说得没错，卡尔米德果然过来了。他的到来引起一阵欢笑，已经围成圈坐下的人推旁边的人给他让个位置，好让他坐下。结果就是，原来坐在这一头的那个人被挤得站起身来，而坐在另一头的那个人被人压在身下，只好挪到外边去。最后，卡尔米德走了过来，在克里底亚和我之间坐下。这时候，我的朋友，我却感到有点胆怯了，尽管我原来以为跟他谈话轻而易举，但我先前盲目的自信在这一刻消失了。【d】克里底亚说我就是那个知道偏方的人，而他以一种无法言喻的方式盯着我看，好像要向我提问，就在体育场里的人全都围了过来的时候，我高贵的朋友，我看见他外衣下俊美的身子，顿时点燃我的欲火，无法遏制自己。我突然想起，昔狄亚斯① 真是最聪明的爱情诗人，他在与某人谈到美男子时提建议说，"看这头雄狮，对它奉承讨好是最糟糕的，只会成为它的晚餐"，因为我感到自己好像已经被这样一头野兽吞食了。不过，当他问我是否知道治疗头疼的偏方时，我还是尽力回答。

"怎么治法？"他说。

【e】我说，有一种树叶吃了可以治头疼，不过在使用时需要念咒语。如果在使用树叶时不停地念咒语，头疼就能痊愈，如果不念，那么树叶就失效了。

【156】他说："请你口述，我把它写下来。"

"要我允许，"我说，"还是不要我允许。"

---

① 昔狄亚斯（Κυδίας），一位晦涩的抒情诗人。

"当然要。"他笑着说。

"很好，"我说，"你确实知道我的名字吗？"

"要是不知道，那我太丢脸了，"他说，"我的同伴聊天时经常说起你，我还记得，当我还是个孩子的时候，就在这里见过你和克里底亚。"

【b】"太好了，"我说，"那么我可以更加自由地说一说这个咒语的本性了。刚才我有点犯难，不知该用什么方法来向你证明它的效力。它的本性，卡尔米德，不只是能够治头疼。你可能听好医生说过这种事，如果你眼睛痛去看医生，他们会说不能光治眼睛，【c】还要同时治疗头部。他们还会说，如果只治头部而不治整个身体，那是非常愚蠢的。按照这一原则，他们对整个身体进行治疗，对整个身体和部分一起治疗。你听他们说过这样的话，注意过这种情况吗？"

"是的，我注意过。"他说。

"那么我说的好像是对的，你接受这一原则？"

"绝对接受。"他说。

【d】听他表示赞同，我比较安心了，先前的自信又一点点地恢复，我回过神来了。所以我说："好，卡尔米德，这个原则和咒语是一样的。我在军中服役时向札耳谟克西①的一位色雷斯医生学会了这种咒语，据说这位医生能使人不朽。这位色雷斯人说，希腊医生说的我刚才告诉你的这些话是对的。'但是，我们的国王札耳谟克西，'【e】他说，'是一位神，国王说过，你们不应当不治我的头而治我的眼睛，或者不治我的身体而只治我的头，所以你们不应当不治灵魂而只治身体。就是由于这个缘故，许多疾病希腊的医生治不了，因为他们无视整体，而实际上，整体如果不处于良好状态，部分是不可能好的。'他说，'对整个人来说，灵魂既是身体健康的源泉，又是身体疾病的来源，它们从灵魂中流出，【157】其方式就如眼睛受头部的影响。因此要想头的组成部分和身体的其他部分健康，治疗灵魂是必须的，首要的。'他说，'我亲爱的朋友，治疗灵魂需要用到某些咒语，这些咒语由美妙的话语组成。在灵魂中产

---

① 札耳谟克西（Ζαλμόξιδος），波斯国王。

生节制，是这样的话语作用的结果，一旦灵魂获取和拥有了节制，要为头部和身体的其他部分提供健康就容易了。'【b】他在教我治疗方法和咒语时还说：'别听任何人的劝，让你用偏方治疗他的头，除非他先把灵魂交付给你，让你用咒语治疗。因为这是现在某些医生会对病人犯下的错。他们试图脱离灵魂的健康来产生身体的健康。'他严厉地告诫我，【c】对财富、地位、美貌的乞求要置若罔闻。所以，我已经向他承诺并信守这一诺言，如果你愿意，那么按照这位陌生人的指示，我首先要把色雷斯人的咒语用于你的灵魂，然后我才会用偏方治疗你的头。如果你不愿意，那么我们什么都不能为你做了，我亲爱的卡尔米德。"

听我说了这些话，克里底亚说："头疼对这位年轻人来说会转变成一种幸运，苏格拉底，【d】由于他的头，他不得不改善他的才智。不过，让我来告诉你，苏格拉底，卡尔米德不仅在同龄人中间相貌出众，而且在你说的有咒语的这种东西上也超越同龄人，这种东西就是节制，不是吗?"

"是的，确实是。"我说。

"那么你必须知道，他不仅拥有当今时代最有节制的青年的名声，而且在与他年纪相应的其他任何事情上绝不亚于别人。"

【e】"相当正确，卡尔米德，我认为你一定会在所有这样的事情上胜过其他人，"我说，"因为我认为，在这里无人能够轻易指出哪两个雅典家族的联姻能产生比你的家族更加优秀和高贵的后裔。你父亲的家族，亦即德洛庇达之子克里底亚①的家族，【158】受到阿那克瑞翁②、梭伦③和其他许多诗人的颂扬，称颂这个家族拥有杰出的美貌、美德，以及其他一切被称作幸福的东西。你母亲的家族也同样。你的母舅皮里兰佩④声名远扬，是这个国家最优秀、最有影响的人，因为他多次担任使

---

① 德洛庇达（Δρωπίδος）是克里底亚之父，但这位克里底亚是对话中的克里底亚的祖父，参阅《蒂迈欧篇》20e。

② 阿那克瑞翁（Ανακρέον），希腊抒情诗人，约生于公元前570年。

③ 梭伦（Σόλωνος），雅典政治家，立法家，约生于公元前639年。

④ 皮里兰佩（Πυριλαμπους），卡尔米德的舅舅。

者去见波斯大王和其他人，所以这个家族的各个方面丝毫也不逊色于其他家族。作为这样的祖先的后代，你像是拥有骄傲的资本。【b】在可见的美貌方面，格老孔的乖儿子，在我看来你的外貌绝对不会辱没他们。但若在美貌之外你还拥有节制，以及你在这里的朋友提到的其他品性，那么你母亲真的养了一个幸福的儿子，我亲爱的卡尔米德。现在的情况是这样的：如果节制已经在你身上呈现，你已经足够节制，那么你不需要咒语了，无论是札耳谟克西的咒语还是希珀波瑞人阿巴里斯①的咒语，【c】你马上就可以得到治头疼的偏方。但若你显得仍然缺乏这些东西，那么在我给你偏方之前，我必须使用咒语。所以你来告诉我：你同意你朋友的看法，断定自己已经拥有足够的节制，还是会说你仍然缺乏节制？"

卡尔米德脸红了，显得更加楚楚动人，这个年纪的人容易害羞。然后他以一种相当尊严的方式作了回答，说在当前情况下不容易说同意还是不同意。【d】他说："这是因为，一方面，如果我否认我是节制的，那么这样说自己不仅显得很奇怪，而且同时也使这里的克里底亚成了撒谎者，其他许多人也一样，因为按他的说法，我好像是节制的。另一方面，如果我应当表示同意并赞扬我自己，这样做也许会显得令人讨厌。所以，我不知道该如何回答。"

我说："你说得相当合理，卡尔米德。【e】我想，我们应当在一起考察这个问题，你是否拥有我正在探求的这种东西，这样你就不会被迫说你不想说的话了，而我也不必以一种不负责的方式看病了。如果你愿意，我想和你一起考察这个问题；如果你不愿意，我们可以放弃。"

"哎哟，我非常愿意这样做，"他说道，"所以，继续吧，以你认为最好的方式考察这件事。"

"那么好，"我说，"在这些情况下，我认为下述方法是最好的。【159】现在很清楚，如果节制在你身上呈现，你会有某种关于节制的看法。我

---

① 希珀波瑞人（Ὑπερβορέου），希腊传说来自希腊北方的一个民族，词义为"和北风一起来的人"。阿巴里斯（Ἀβάρις）为该族著名的巫师。

假定，如果节制真的存在于你身上，它会提供一种它存在的感觉，借此你会形成一种看法，不仅知道你拥有节制，而且知道它是哪一种事物。或者你不这么想？"

"是的，"他说，"我是这么想的。"

"好吧，由于你知道怎么讲希腊语，"我说，"我假定你能表达这个印象，就以它冲击你的方式？"

"也许吧。"他说。

"好，为了帮助我们决定节制是否存在于你身上，请说出你的看法，什么是节制。"我说。

【b】一开始他犹豫不决，不太愿意回答这个问题。然而，最后他说在他看来，节制就是有序而又平静地做一切事情，比如在街上行走、谈话，以这样的方式做其他事情。"所以我认为，"他说，"总的说来，你问的这样东西是某种平静。"

"你也许是对的，"我说，"卡尔米德，至少有些人会说平静是节制。【c】但是让我们来看里面是否还有什么东西。告诉我，节制是一种值得敬佩的东西，不是吗？"

"是的。"

"你在抄写老师布置的作业时，快捷地抄写字母比较好，还是平静地① 抄写比较好？"

"快捷地。"

"阅读的时候，快捷好还是缓慢好？"

"快捷好。"

"弹竖琴或摔跤的时候，敏捷和锐利不是远远胜过平静和迟缓吗？"

"是的。"

"拳击和角力不也一样吗？"

"确实如此。"

【d】"在跑、跳，以及身体的所有运动中，行动敏捷和灵活者是值

---

① 平静地（ήσυχῆ），这个希腊词也含有缓慢的意思。

得敬佩的，而那些行动困难和迟缓者是丑陋的，不是吗？"

"好像是这么回事。"

"那么，"我说，"在身体这件事情上，不是比较平静的运动，而是最迅速，最有活力的运动才是最好的。不是吗？"

"确实如此。"

"但是，节制是一种值得敬佩的东西吗？"

"是的。"

"那么就身体而言，不是平静，而是敏捷才是更加有节制的，因为节制是一种值得敬佩的东西。"

"这样说似乎是合理的。"他说。

【e】"那么好吧，"我说，"学习中的灵敏不是比学习中的困难要好吗？"

"学习中的灵敏好。"

"但是，"我说，"学习中的灵敏就是学得快，学习中的困难就是学得慢吗？"

"是的。"

"迅速地教另外一个人，不是比平静迟缓地教他要好得多吗？"

"是的。"

"那么，平静而迟缓地回想或回忆，这样做比较好，还是迅猛快捷地这样做比较好？"

"迅猛，"他说，"和快捷。"

【160】"明智不是灵魂的某种活力吗，而非某种平静？"

"对。"

"还有，这样说也对，理解所说的话，书写老师布置的作业，聆听琴师的教导，以及在其他许多场合，不是平静地理解，而是尽可能敏捷地理解是最好的。"

"是的。"

"还有，在思想的动作和制定计划时，【b】我想，不是最平静地思考的人和感到难以思考和发现的人值得赞扬，而是那些能够轻省快捷地这样做的人值得赞扬。"

"一点儿没错。"他说。

"因此，卡尔米德，"我说，"在所有这些情况下，涉及灵魂和身体，我们认为快捷和迅速比缓慢和平静要好吗？"

"好像是的。"他说。

"那么我们得出结论，节制并非一种平静，有节制的生活也不是平静的，就此论证涉及的范围而言，因为有节制的生活必然是一种值得敬佩的东西。【c】我们有两种可能性：要么生活中的平静的行为显得比快捷强健的行为更好，要么很少生活中的平静的行为显得比快捷强健的行为更好。如果是这样的话，我的朋友，即使有少量平静的行为比迅猛快捷的行为更好，即使按照这种假设，节制是由缓慢地做事情构成的，而不是由迅猛快捷地做事情构成的，在行走、言语和其他事情上都是这样；【d】平静的生活也不会比它的对立面更节制，因为在论证过程中，我们把节制列为值得敬佩的事物，快捷的事物已经变得不比平静的事物差了。"

"我认为你说得很对，苏格拉底。"他说。

"那么再来一遍，卡尔米德，"我说，"精力要更加集中地看看你自己，确定节制的呈现对你产生什么影响，什么样的事情会有这种影响，然后把这些事情都归拢在一起，清楚而勇敢地告诉我，【e】节制在你看来是个什么东西？"

他停顿了一会儿，努力思索了一番，然后说："嗯，在我看来，节制使人感到耻辱和害羞，所以我认为，真正的节制必定是谦虚。"

"但是，"我说，"我们刚才不是同意节制是一种值得敬佩的东西吗？"

"是的，我们同意。"他说。

"由此可见，有节制的人是好人吗？"

"是。"

"不能使人变好的东西会是好的吗？"

"当然不是。"

"那么，节制不仅是一样值得敬佩的事物，而且也是好的事物。"

【161】"我同意。"

"那么好，"我说，"荷马说'对于乞讨人来说，羞怯不是好品格。'①你不同意他的说法吗？"

"噢，"他说，"我同意。"

"所以看起来，谦虚既是好的，又是不好的。"

"是这样的。"

"但是，节制必定是一样好东西，它呈现在谁那里，就使谁变好，它不呈现在谁那里，就使谁变坏。"

"噢，是的，在我看来，确实像你说的这样。"

【b】"那么节制不会是谦虚，如果节制真的是一样好东西，而谦虚不比坏更好。"

"你所说的令我相当信服，苏格拉底。"他说，"但是，把你对节制的后续定义的看法告诉我。我刚想起，有人说节制就是管好自己的事。告诉我，如果你认为这个人说得对。"

【c】我说："你真不幸，这个定义是你从克里底亚那里捡来的，或者是从其他某个聪明人那里捡来的。"

"我猜来自其他人，"克里底亚说，"因为肯定不是我讲的。"

"这又有什么区别，"卡尔米德说，"从谁那里听来？"

"一点儿区别都没有，"我答道，"因为问题的关键不是谁说的，而是他说的对不对。"

"我喜欢你现在这个说法。"他说。

"这对你有用，"我说，"如果我们能够成功地发现它的意思，那我会感到十分惊讶，因为这句话就像一个谜语。"

"怎么会呢？"他说。

【d】"我的意思是，"我说，"当他说出这些词的时候，我不认为他的真实含义是管好你自己的事。或者说，你认为教写字的老师在读和写的时候什么也没做吗？"

---

① 荷马：《奥德赛》17：347。

"正好相反，我认为他在做事。"

"你认为教写字的老师只教你读和写自己的名字，还是也教其他的孩子？你写你的敌人的名字也和写你自己的名字和你朋友的名字一样多吗？"

"一样多。"他说。

【e】"你在做这件事的时候是忙忙碌碌的，不节制的吗？"

"完全不是。"

"但是，如果读和写是做事，那么你在做的岂不是别人的事吗？"

"我假定我在做其他人的事。"

"那么，我的朋友，医疗是做事，所以建筑、纺织，以及从事某种技艺，都是做事？"

"确实如此。"

"那么好，"我说，"你认为在一个秩序良好的城邦里，法律会强迫每个人织自己的布，洗自己的衣服、【162】做自己的鞋子、油瓶、刮身板以及其他东西，每个人都按照同样的原则，不去管别人的事，只做自己的事吗？"

"不，我认为不会是这种情况。"他说。

"但是，"我说，"如果一个城邦得到有节制的管理，它必定治理得很好。"

"当然。"他说。

"那么，如果节制就是'管好你自己的事'，它就不会以这种方式管这种事。"

"显然不是。"

"那么，说节制就是'管好你自己的事'的人显然是在说谜语，如我刚才所说，【b】因为我不认为他的头脑会那么简单。或者说，你听某个傻子说了这样的话吗，卡尔米德？"

"远非如此，"他说，"他似乎非常聪明。"

"那么我认为，他肯定在说谜语，因为要想弄懂'管好你自己的事'是什么意思是非常困难的。"

"也许是很难。"他说。

"那么'管好你自己的事'到底是什么意思？你能说吗？"

"我完全不知所措，"他说，"也许说这句话的人自己也不知道是什么意思。"这样说的时候，他笑了，看着克里底亚。

【c】很清楚，克里底亚焦躁不安有一会儿了，他也很想对卡尔米德和在场的其他人表达自己的意见。在此之前，他尽力抑制自己，但现在再也无法克制了。在我看来，我先前的怀疑肯定是对的，卡尔米德有关节制的说法就是从克里底亚那里捡来的。而卡尔米德想要这个定义的作者本身来接管论证，而不想由自己来进行，【d】于是就说自己已经被驳倒，怂恿克里底亚来继续论证。克里底亚不愿这样做，在我看来，他生气了，生卡尔米德的气，就像一名诗人对糟蹋他的诗句的演员生气。所以他瞪了卡尔米德一眼，说："卡尔米德，就因为你不懂这个人说节制就是'管好你自己的事'到底是什么意思，所以你认为这个人自己也不知道了吗？"

【e】"别这样，亲爱的克里底亚，"我说，"像他这样年纪的人不懂这些事情一点儿也不奇怪，而你，由于你的年纪和经验，很像是懂的。所以，你若是同意节制就是那个人所说的意思，并且愿意接管论证，那么我很高兴与你一道考察这个问题，看所说的是对还是错。"

"我差不多已经准备好了，我同意，"克里底亚说，"接管这个论证。"

"我敬佩你的作为，"我说，"现在告诉我：你也同意我刚才说的，所有手艺人都在制造某些东西吗？"

"是的，我同意。"

【163】"在你看来，他们只造他们自己的东西，还是也造其他人的东西？"

"也造其他人的。"

"不是只造他们自己的东西，他们还是有节制的吗？"

"这有什么可反对的？"他说。

"我没有什么反对意见，"我说，"但我们来看把节制定义为'管好你自己的事'的人有没有反对意见，如果管别人的事也是有节制的，那么真可以说没有反对意见了。"

"但是，"他说，"我承认的是那些'造'别人的东西的人是有节制的，我同意那些'做'别人的事情的人是有节制的吗？"

【b】"告诉我，"我说，"你把造和做当作一回事吗？"

"一点儿也不，"他说，"我也不把工作和制造当作一回事。这是我向赫西奥德① 学来的，他说'工作并不可耻'。如果他所说的工作就是你刚才用造和做这两个术语提到的这一类事情，你以为赫西奥德还会说造鞋、卖咸鱼、做娼妓并不可耻吗？你不应该这样想，苏格拉底，你最好像我一样，【c】宁可相信他所说的工作是和做与造不同的一些事情，在某些情况下，造或制造某些东西若是没有高尚相伴随，就会变成可耻，但是工作决不会是任何一种可耻。由于他把'工作'这个名称给了那些高尚而又有用的造，那么只有这样的造才是'工作'和'行动'。我们表达他的思想，一定要说他认为只有这些事情才是'某人自己的'，而一切有害的事物都是其他人的。结果就是，我们必须假定，赫西奥德以及其他聪明人把那些管好自己事情的人称作有节制的。"

【d】"克里底亚，"我说，"我理解你的讲话开头非常好，你说你把那些'某人自己的'和'自己的'东西称作好的，把做好事称作'行动'，因为我曾不下百遍地听普罗狄科② 区分词义。好吧，我允许你给每个语词下定义，以你喜欢的方式，只要你能弄清你使用的任何语词的含义。【e】现在从头开始，更加清楚地下定义：做好事，或者制造好东西，或者无论你想怎么叫它，就是你所谓的节制吗？"

"是的。"他说。

"那么，实施邪恶行动的人是不节制的，实施良好行动的人是有节制的吗？"

"你难道不这么看，我的朋友？"

---

① 　赫西奥德（Ἡσίοδος），希腊早期诗人，约公元前 8 世纪。引文见赫西奥德：《工作与时日》311。

② 　普罗狄科（Προδίκος），公元前 5 世纪著名智者。

"别在意我怎么看，"我说，"我们现在不是在考察我怎么想，而是在考察你怎么说。"

"那么好吧，"他说，"我否定做坏事不做好事的人是有节制的，我肯定做好事不做坏事的人是有节制的。所以我给你一个清晰的定义，节制就是做好事。"

【164】"我没有理由认为你说的不是真话。但我确实感到惊讶，"我说，"如果你相信有节制的人对他们的节制一无所知。"

"我根本没有这样想过。"他说。

"但你刚才不是说，"我说，"没有任何事情可以阻挡手艺人是有节制的，哪怕他们在做其他人的事？"

"是的，我是这样说过，"他答道，"但那又怎么样？"

"不怎么样，但是告诉我你是否认为，医生在为人提供健康时做了一些事，【b】这些事既对他自己有用，又对他治疗的人有用。"

"是的，我同意。"

"做这些事情的人做的是他应当做的事吗？"

"是的。"

"做了应当做的事情的人是有节制的，不是吗？"

"他当然是有节制的。"

"医生必须知道什么时候他的治疗是有用的，什么时候是无用的吗？每个手艺人也一样，他必须知道什么时候他做的工作会使他受益，什么时候不会吗？"

"不一定。"

【c】"那么有的时候，"我说，"医生不知道自己采取的行动是有益的还是有害的。如果他有益地采取行动，那么按照你的论证，他的行动是有节制的。或者说，这并不是你说的意思？"

"是我的意思。"

"那么看起来，在某些场合他有益的行动，在这样做的时候，他有节制的行动，但他对自己的节制一无所知吗？"

"但是，"他说，"苏格拉底，这种情况决不会发生。【d】如果你认为从我前面承认的事情必定得出这个结论，那么我会撤回我的某些陈述，并且不怕丢脸地承认我犯了错误，而不愿承认一个对自己一无所知的人会是有节制的。事实上，认识你自己，这正是我想说的什么是节制，我完全同意刻在德尔斐神庙里的这句铭文。在我看来，这句铭文刻在那里有特别的目的，尽管它是神对那些进到这里来的人打招呼的话，就好像人们平常说的'万福'，【e】尽管在这里说'万福'不是一个正确的说法，但我们确实应当相互敦促'要有节制'。所以，按照这种方式神对那些进入他的庙宇的人打招呼，而不是按照人的方式，或者说，我假定献上这句铭文的人是这么想的。他对进来的人要说的话无非就是'要有节制'，这就是他要说的。【165】不过他在说的时候非常晦涩，像预言家那样。'认识你自己'和'切勿过度'是一回事，如铭文所示，而我本人也这么看，有人也许会表示怀疑，我想后来献上'不要过分'、'立誓必会破灭'这些铭文的人就是这种情况。因为这些人想，'认识你自己'是一项建议，而不是神对进入神庙者打招呼的话，所以，想到献上一些并非无用的告诫语，他们就写了这些东西，刻在神庙里。我为什么要说这些话，原因在此，【b】苏格拉底，我承认前面所说的一切——关于这个主题，有些事情也许你说的更加正确，也许我说的更加正确，但我们所说的都不清楚——而关于这个定义，我现在希望给你一个新的解释，除非你当然已经同意，节制就是认识你自己。"

"但是，克里底亚，"我说，"你跟我说话，就好像我承认对我自己的问题知道答案，就好像只要我真的愿意，就会同意你的意见。情况不是这样的，倒不如说，由于我自己的无知，【c】我在你的陪伴下不断地考察提出来的任何问题。不过，如果我认为自己想通了，我愿意说出我同意还是不同意。只是在我思考的时候你要等待。"

"好吧，你好好地想。"他说。

"对，我在想，"我说，"嗯，如果所谓节制就是知道，那么节制显然就是某种知识，是关于某事物的知识，不是这样吗？"

"是的，是关于某事物自身的知识。"他说。

"那么医学也一样，"我说，"是一种知识，是关于健康的知识吗？"

"当然。"

"现在，"我说，"如果你问我，'如果医学是一种关于健康的知识，【d】它会给我们带来什么利益，它会产生什么?'我会回答它提供的利益不是微小的。因为健康是我们的一种良好的结果，如果你同意这就是它产生的东西。"

"我同意。"

"如果你问我造房子的事，这是一种建造房屋的知识，问我它产生什么，我会说它产生房屋，其他技艺也一样。所以你应当代表节制来提供一个回答，因为你说它是一种关于自我的知识，【e】因此应当问你，'克里底亚，由于节制是一种关于自我的知识，它能产生什么配得上这个名称的良好结果?'来吧，请你告诉我。"

"苏格拉底，"他说，"你没有正确地引导我们的考察。其他知识相互之间都有相同的性质，而这种知识却不像其他知识那样具有相同的性质。但你在进行考察的时候把它们全都当作一样的了。""比如，"他说，"算术和几何的技艺有什么产物，能与建筑时产生的房屋、纺织时产生的衣服相对应，【166】从众多的技艺中可以提供许多例子。在这些情况下，你应当向我指出同样的产物，但你却不能做到。"

我说："你说得对。但是我能在各种情况下向你指出，一种知识是关于什么的知识，它与知识本身是有区别的。比如，算术的技艺当然就是关于奇数和偶数的知识——它们本身有多少，与其他数有什么关系——不是吗?"

"确实如此。"他说。

"奇数和偶数与算术本身不是有区别吗?"

"当然。"

【b】"还有，称重是一门关于重与轻的技艺；重与轻与称重的技艺有区别。你同意吗?"

"是的，我同意。"

"那么，由于节制也是一种关于某事物的知识，请你说一下，这个与节制本身有区别的事物是什么。"

"这正是我的意思，苏格拉底，"他说，"你在对节制的考察中指出节制与其他知识不同的地方，【c】然后你开始寻找某种方式能够发现它与其他各种知识相似的地方。但事情不是这样的，倒不如说其他技艺都是关于其他事物的知识，而不是关于事物本身的知识，而唯有节制是一种既是其他知识的知识，又是关于节制本身的知识。我认为你非常自觉地在做你前不久否认的事情——你试图驳斥我，无视真正的问题所在。"

"噢，天哪，"我说，"你怎么会这样想，哪怕我要驳斥你所说的一切，我会由于其他任何原因这样做，【d】而不会由于我要对我自己的陈述进行彻底的考察——我害怕的是，我不自觉地认为我懂某些事情，而实际上我不懂。这就是我声称现在要做的事，主要是为了我自己而考察这些论证，但也许也为了我的朋友。你不是相信，为了共同的善，或者为了大多数人的善，对每一现存事物的陈述都应当变得清楚吗？"

"确实如此，苏格拉底。"他说。

"那么，鼓足勇气，我的朋友，回答在你看来最好的问题，【e】而不要在意是克里底亚还是苏格拉底被驳倒了。你要在意的是论证本身，看对它的驳斥会带来什么后果。"

"行，我会按你说的去做，因为在我看来你的谈话是有意义的。"

"那么，请你提醒我一下，"我问道，"关于节制，你说了些什么。"

"我说，"他答道，"唯有节制既是一种关于它本身的知识，又是一种其他知识的知识。"

"那么，"我说，"它也会是一种无知识的知识吗，如果它是一种知识的知识？"

"当然。"他说。

【167】"那么只有节制的人会认识他自己，能考察他知道或不知道的事情，还能以同样的方式考察其他人，看一个人什么时候真的知道他知道的事情和认为他知道的事情，什么时候不知道他认为他知道的事情，而其他人都不能这样做。是节制的、节制、认识你自己，其意义全在于此，知道自己知道什么和不知道什么。这不就是你的意思吗？"

"是的。"他说。

【b】"那么，让我们干了这第三杯酒，幸运之酒①，让我们重新开始，考察两点：第一，一个人知道和不知道他知道和不知道的事情，这样的情况是可能的还是不知道是否可能；第二，如果这种情况是完全可能的，那么那些知道这一点的人有什么益处。"

"是的，我们应当考察这两个要点。"他说。

"那么，来吧，克里底亚，"我说，"看你在这些事情上是否能比我强一些。因为我感到有困难。要我把我的难处告诉你吗？"

"是的，请你告诉我。"

"好的，"我说，"整件事情不是与这一点相关吗，如果你刚才说的是真的，【c】你说有一种知识不是任何事物的知识，而只是它本身和其他知识的知识，而这同一种知识也是无知识的知识？"

"是的，确实如此。"

"那么，你来看，我们试图想说的这件事情有多么奇怪，我的朋友，因为，如果你在其他事例中寻找相同的东西，你会发现，我认为，这是不可能的。"

"怎么会呢，你指的是什么事例？"

"好比说这样一些事例，比如，请你考虑，如果你认为可以有这样一种视觉，它不像其他视觉那样，是事物的视觉，而是视觉本身和其他视觉的视觉，也是无视觉的视觉，【d】尽管它是视觉的一种类型，但它看不见颜色，只能看见视觉本身和其他视觉。你认为有这样一种东西吗？"

"苍天在上，没有，我不这么认为。"

"有一种听觉，听不见声音，但能听见听觉本身和其他听觉，还能听见无听觉的听觉吗？"

"也没有这种东西。"

"再以所有感觉为例，看是否会有这样一种感觉，它是众感觉的感

---

① 此处原意为"第三杯酒，为了救世主宙斯"。在启程前饮酒时连干三杯，第三杯酒被认为是幸运之酒。

觉，是感觉本身的感觉，但它感觉不到其他感觉能感觉到的感觉。"

"我不认为有这样的东西。"

【e】"你认为有这样一种欲望，它不是为了快乐，而是为了它本身和其他欲望吗？"

"肯定没有。"

"也不会有任何一种希望，我认为，不是为了任何善，而只是为了希望本身和其他希望。"

"没有，以下类推，也没有。"

"你会说有一种这样的爱，不是任何好事物的爱，而是它自身的爱和其他爱的爱吗？"

"不，"他说，"我不会。"

【168】"你是否曾经观察到有一种恐惧，恐惧它本身和其他恐惧，但它是可怕的事物的恐惧，不怕任何事物？"

"我从未观察到这样的东西。"他说。

"或者说有一种意见是关于它自身和其他意见的，但却不像其他意见那样对任何事物发表意见？"

"从来没有。"

"但是我们刚才好像说过，有一种这样的知识，它不是任何一个知识部门的知识，而是知识本身和其他知识的知识。"

"是的，我们说过。"

"如果真的有这样一种东西，那不是很奇怪吗？然而，我们还不应当只说没有这种东西，而是要继续考察，看是否有这种东西。"

【b】"你说得对。"

"那么来吧，这种知识是某事物的知识吗，它有'是某物的'知识的某种能力吗？你怎么说？"

"是的，它有这种能力。"

"我们说，与其他事物相比，较大者有一种是较大的能力吗？"

"是的，它有。"

"假定与某个较小的事物相比，较大者会变得较大。"

"必然如此。"

"那么，如果我们想要发现某个较大的事物比较大的事物和较大本身还要大，但它又不能比其他较大的事物更大，【c】那么肯定会发生这种情况，如果它真的比它自身还要大，它也会比它自身还要小，不是吗？"

"那肯定会是这种情况，苏格拉底。"他说。

"由此也可推论，我假定，如果有一种两倍的事物是它自身或其他两倍的事物的两倍，那么它也会是它自身或其他两倍的事物的一半，因为我不会假定有任何两倍的事物，除非它也是一半。"

"没错。"

"还有，比它自身大的事物也可以比它自身小，比它自身重的事物也可以比它自身轻，【d】比它自身年老的事物也可以比它自身年轻，其他相同的事例还很多——具有某种能力的事物将其能力用于它自身，必定也会使这种能力指向的事物具有这种性质，不是吗？我的意思是这样的，以听为例，我们不是说，听无非就是关于声音的吗？"

"是的。"

"如果听真的听到它本身，那么它会听到拥有声音的它本身吗？因为，否则的话，它不会有任何听了。"

"必然如此。"

"视觉我想也一样，我的大好人，如果视觉真的看到它本身，它一定会有某些颜色吗？【e】因为视觉肯定不能看无颜色的东西。"

"不能，肯定是这样的。"

"那么你注意到，克里底亚，在我们举的几个事例中，有些是绝对不可能的，而有些是非常可疑的，如果它们曾经把它们自己的能力用于它们本身，是吗？体积、数量，等等，属于绝对不可能的这一组，不是这样吗？"

"肯定是这样的。"

"还有，听或看，或者实际上，任何一种运动都会推动它自身，或者热会加热它本身——所有这些情况也会使有些人不信，【169】尽管有些人也许是相信的。我们需要的，我的朋友，是某个大人物来详细解释这一点，是否没有任何事物能够天然地将其自己的能力用于它自身，而只能用于其他事物，或者说，有些事物能这样做，有些事物不能。我们也需要他来确定，是否有事物能将能力用于它们自身，我们称作节制的知识就在它们中间。我不把自己当作有能力处理这些事务的人，【b】由于这个原因，我既不能合理地陈述是否可能有一种知识的知识，如果肯定有这样一种知识的话，我也不能接受节制作为这样一种知识，直到我考察清楚这样一种东西对我们是否有益。现在我预测节制是一种有益的、好的东西。那么你，卡莱克鲁斯之子，由于把节制定义为知识的知识属于你，更由于无知识也属于你，所以请你先澄清这一点，我刚才提到的这种知识是可能的，【c】然后在显示了它的可能性以后，继续显示它是有用的。这样的话，也许，你对什么是节制的正确看法也会使我满意。”

听了这些话，克里底亚明白了我的难处，就好比一个人打呵欠传染给其他人，他似乎也受我的影响而感到困难了。但由于他在坚持己见方面是出了名的，不愿当着同伴的面承认无法回答我的问题，【d】于是就支支吾吾地掩饰他的困惑。所以，为了能使我们的争论继续下去，我说：“好吧，克里底亚，现在让我们假定这一点，有一种知识的知识，它的存在是可能的——它是否真的存在我们可以在其他场合考察。来吧，如果它是完全可能的，那么知道某人知道什么和不知道什么岂不是更为可能？我想，我们确实说过，这就是认识你自己和有节制的基础，是吗？”

【e】“是的，确实如此，”他说，“我似乎能跟得上你的结论了，苏格拉底，因为，如果一个人拥有能拥有知道它自己的知识，那么这个人也会成为像他拥有的这种知识这样的人。例如，拥有敏捷的人是敏捷的，拥有美的人是美的，拥有知识的人是知道的。所以，当一个人拥有知道它自己的知识，我想他会是一个认识他自己的人。”

“令我困惑的不是这一点，”我说，“当一个人拥有知道他自己的知识，他就会认识他自己，而是拥有这种知识的这个人为什么必然知道他知道什么和他不知道什么。"

【170】"但是这两样事情是一回事，苏格拉底。"

"也许吧，"我说，"但我还是担心像过去一样困惑，因为我仍旧不明白，知道一个人知道什么和不知道什么怎么会和它本身的知识是一回事。"

"你这话是什么意思？"

"我的意思是这样的，"我说，"假定有一种知识的知识，它除了是一种划分事物的能力，说一个是知识，另一个不是知识，它还能是什么吗？"

"不能了，它只能是这种能力。"

【b】"还有，它和拥有或缺乏有关健康的知识、拥有或缺乏有关正义的知识是一回事吗？"

"完全不是一回事。"

"我想，一种知识是医学，另一种知识是政治，而我们涉及的是纯粹、简单的知识。"

"那又怎样？"

"因此，当一个人缺乏这种关于健康和正义的附加的知识，而只知道知识，这是他拥有的唯一的知识，那么他很像是知道他知道某些事情，拥有某种知识，以此人为例也好，以其他人为例也罢，不是吗？"

"是。"

【c】"那么，他是如何凭着这种知识知道他自己知道什么呢？因为他会凭着医学知道健康，但不是凭着节制，他会凭着音乐知道和谐，但不是凭着节制，他会凭着技艺知道造房子，但不是凭着节制，等等，不是这样吗？"

"好像是这样的。"

"但是凭着节制，如果它只是一种知识的知识，一个人如何知道他知道健康，或者他知道造房子呢？"

"他完全不能知道。"

"那么对这一点都不知道的人不会知道他知道什么，而只知道他知道。"

"很像是这样。"

【d】"那么，这不会是有节制的或节制：知道一个人知道什么和不知道什么，而只有知道这一点的人和知道自己不知道的人才是有节制的，或者说事情好像是这样的。"

"有可能是这样。"

"当另外一个人声称知道某事物，我们的朋友也不能发现他是否知道他说他知道或不知道的东西。但是，他好像只知道这么多，那个人有某种知识，但它是关于什么的知识，节制不会告诉他。"

"显然如此。"

【e】"所以，他既不能区别假装是医生的人和真正的医生，也不能在其他专家中作这种区别。让我们来看后面的推论：如果有节制的人或其他任何人要区分真医生和假医生，他该怎么办呢？我假定，他不会去讨论医学问题，因为我们说过，医生知道的无非就是健康和疾病，不是这样吗？"

"是的，是这样的。"

"但是对于知识，医生一无所知，因为我们已经把这种功能完全归于节制了。"

"是的。"

【171】"医生也不知道任何关于医学的事情，因为医学是一种知识。"

"对。"

"然而，有节制的人会知道医生拥有某种知识，但是为了试图掌握它是何种知识，他不会考察它是关于什么的知识吗？因为要给每一种知识下定义，不仅要说它是知识，而且还要说它是关于什么的知识，是吗？"

"是的，当然要说它是关于什么的知识。"

"医学可以定义为一种关于健康和疾病的知识，由此可以把医学与其他知识区别开来。"

"对。"

【b】"由此可以推论，想要考察医学的人会在能找到医学的地方发现它，因为我不会假定他会在不能找到医学的地方发现它，你的看法呢？"

"肯定不能。"

"那么想要正确进行这种考察的人会查考医生做的事情，因为他在这些事情上是医学人，这些事情就是健康与疾病。"

"好像是这样的。"

"他会观察医生的言行，看医生说的是否正确，做的是否正确吗？"

"必然如此。"

"但是，不懂医学技艺的人能听得懂这些事情吗？"

"肯定不能。"

【c】"事实上，除了医生，似乎无人能够做到这一点，甚至有节制的人自己也做不到。如果他能做到，那么他不仅是有节制的人，还会是一名医生。"

"是这么回事。"

"那么，事情的结果是，如果节制只是一种关于知识和无知识的知识，它就不能区分懂得这种特殊技艺的人和不知道这些技艺但假装或假设自己懂的人，它也不能认识其他任何真正技艺的实践者的方式，除非这个人是在他自己的领域中。"

"好像是这样的。"他说。

【d】"那么，克里底亚，"我答道，"我们从节制中会得到什么益处，如果它具有这种性质？因为，如果像我们一开始假定的那样，① 有节制的人知道他知道什么和不知道什么（他知道前者但不知道后者），能够考察处在相同情景中的其他人，那么这就是我们做个有节制的人的最大的好处。因为这样一来，我们这些拥有节制的人就会过一种摆脱谬误的生活，【e】那些处于我们管辖之下的人也能过这样一种生活。我们自己既不会去尝试做那些我们不懂的事情——倒不如说我们会寻找那些懂这

---

① 参阅本篇 167a。

些事情的人，把事情托付给他们做——也不相信那些受我们管辖的人能做任何事情，除非他们能正确地做，也就是做他们拥有知识的事情。就这样，凭着节制，每个家庭都能很好地生活，每个城邦都能很好地治理，凡有节制统治之处，事情都能良好地运作。【172】随着谬误被根除，正确在进行控制，处于这种境况下的人必定会言行高尚，令人敬佩，而行事良好，成功发展，他们就会幸福。这不就是我们所说的节制吗，克里底亚，"我说，"当我们说，知道一个人知道什么和不知道什么是一件好事的时候？"

"这确实是我们的意思。"他说。

"但是现在你明白，"我说，"这种知识没有显示出来。"

"我明白了。"他说。

【b】"那么好，"我说，"这就是这种有关知识和无知的知识的益处吗，我们现在发现它就是节制——有这种知识的人学习任何东西会更容易，在他所学的东西之外，一切事物都会更加清楚地向他显示，他会接受这种知识？他也能以他本人知道的一种更为有效的方式来考察其他人，而那些不拥有这种知识的人会以一种较为软弱的、不太有成果的方式来进行考察。【c】我的朋友，这些不都是我们应当从节制中获得的益处吗？或者说，我们把它当作某种更加伟大的事物，要求它比实际情况更加伟大？"

"也许是这样的。"他说。

"也许，"我说，"也许我们正在索求某种无用的东西。我这样说是因为某种有关节制的怪事变得清楚了，如果它具有这种性质。如果你愿意，让我们考察这件事情，既承认知道一样知识是可能的，【d】又承认我们一开始假定的节制就是知道一个人知道什么和不知道什么，让我们承认这一点而不要否认它。承认所有这些事情，让我们来更加彻底地考察，如果它是这个样子的，它是否会以任何方式有益于我们。因为我们刚才说的，有关节制我们把它当作对于家庭和城邦的治理具有很大益处的东西（如果它是这样的话），但是，克里底亚，这样说在我看来不是很好。"

"什么地方说得不好？"他问。

"因为，"我说，"我们过于轻率地同意，如果我们中的每个人都会做他知道的事情，而会把他不知道的事情交给其他知道的人去做，那么它就是一件有很大益处的东西。"

【e】"我们同意这一点有什么不对吗？"他说。

"我认为不对。"我答道。

"那就太奇怪了，苏格拉底。"他说。

"神犬在上，"我说，"在我看来也很奇怪，由于这个原因，当我刚才意识到这一点的时候，我说某件奇怪的事情出现了，我担心我们并没有正确地进行考察。因为，哪怕节制就是这个样子的无可怀疑，【173】它还是没有清楚地向我显示它给我们带来什么好处。"

"怎么会这样呢？"他说。"告诉我，这样我们俩都能明白你说的意思。"

"我想我正在使自己变成一个傻瓜，"我说，"但不管怎么说，如果我们对自己有那么一点儿关心，考察对我们呈现的事情是必要的，不能随意开始。"

"你说得对。"他说。

"那么，"我说，"请听我做的一个梦，看它是从羊角门穿过还是从象牙门穿过。① 如果节制真的统治我们，【b】是我们所定义的那样，那么一切事情都会按照知识去做：既不会有人说他是一名舵手（但他实际上不是）来欺骗我们，也不会有医生、将军或其他职业的人假装知道他并不知道的事情来逃避我们的注意。情况就是这样，我们不能获得比我们现在更大的身体健康，在海上或在战斗中遇险时我们不能获得平安，我们不能得到制造精良的衣服、【c】鞋子以及其他用品吗，因为我们会雇用真正的匠人？ 还有，如果你愿意，我们甚至可以同意预言的技艺是一种关于是什么的知识，节制会指导它把骗子找出来，让真正的预言家

① 参阅荷马：《奥德赛》19：564—567，真的梦、会应验的梦穿越羊角门，假的梦、骗人的梦穿越象牙门。

成为启示未来的先知。【d】我承认，整个人类，如果这样说是恰当的，会以一种有知识的方式行事和生活——因为节制会监视它，不会允许无知识潜入我们中间，成为我们的同伴。但是，按照知识行事是否就能使我们行事良好和幸福，这是我们还要了解的，我亲爱的克里底亚。"

"但另一方面，"他说，"如果你消除了按照知识行事，你就不能稳获幸福的奖赏。"

"请你再指导我一个小要点，"我说，"你说某事物是按照知识完成的，【e】你指的是制鞋的知识吗？"

"天哪，绝对不是！"

"是制造铜器的知识吗？"

"肯定不是。"

"那么是使用羊毛、木头或其他相似的东西的知识吗？"

"当然不是。"

"那么，"我说，"我们不再与按照知识进行生活的人是幸福的这个说法相一致了。因为这些人按照我们提到的方式生活，而你却不承认他们是幸福的，不过我想你的意思是把幸福的人限定为那些在某些具体事情上按照知识生活的人。也许你指的是我刚才提到的那个人，【174】那个知道一切未来之事的人，亦即预言家。你指的是预言家还是别的什么人？"

"我既指这个人，"他说，"又指另一个人。"

"哪一个？"我说，"能知道过去、现在和未来的这种人会有不知道的事情吗？让我们假定有这样的人存在。我想，对这个人你会说没有人比他更能按照知识生活了。"

"肯定没有。"

"还有一件事是我想要知道的：哪一样知识使他幸福？所有知识都同等地起这种作用吗？"

"不，它们起的作用很不一样。"他说。

【b】"好吧，那么哪一种知识特别使他幸福？是凭着它可以知道有关过去、现在和未来的事情的知识吗？是凭着它可以懂得下跳棋的知识吗？"

"噢，怎么会呢？"他说。

"是凭着它可以懂得计算的知识吗？"

"当然不是。"

"是凭着它可以懂得健康的知识吗？"

"这样说要好一些。"他说。

"但是最为可能的情况是，"我说，"凭着这种知识他能懂得什么？"

"凭着这种知识他能懂得善与恶。"他说。

"你真可悲，"我说，"你领着我兜了一大圈，【c】一直把真相隐藏起来，按照知识生活并不能使我们成功和幸福，哪怕我们拥有所有知识，但是我们不得不拥有这种有关善恶的知识。因为，克里底亚，如果你同意从其他知识中把这种知识拿走，那么医学就不能够照样给予健康，制鞋就不能照样生产鞋子，织布的技艺就不能照样织布，领航的技艺就不能照样保证我们在海上平安，将军的技艺就不能照样保证我们在战争中安全，是吗？"

"我想仍旧会是老样子。"

【d】"然而，我亲爱的克里底亚，如果缺乏这种知识，我们做好这些事情、从中获益的机会就会消失。"

"你说得对。"

"那么，这种知识无论如何不像是节制，而是一种其功能对我们有益的知识。因为它不是关于知识的知识，或者是知识的缺乏，而是关于善恶的知识。所以，如果后者是有益的，那么节制对我们来说就是别的什么东西。"

"但是，节制为什么就不是有益的知识呢？"他说，【e】"如果节制是一种知识的知识，支配着其他知识，那么我假定它也会支配有关善恶的知识，并且对我们有益。"

"这种知识能使我们健康吗？"我说，"能使我们健康的不是医疗的技艺吗？它要执行其他技艺要完成的任务，而不是让各门技艺完成它们自己的任务吗？我们刚才不是庄严地宣称节制是关于知识的知识，或者是知识的缺乏，而不是其他什么东西吗？我们说没说过？"

"好像是这样的，说过。"

"所以节制不是生产健康的匠人的知识，是吗？"

"肯定不是。"

【175】"因为健康属于另外一种技艺，不是吗？"

"对，健康属于另外一种技艺。"

"那么，节制是一种没有益处的知识，我亲爱的朋友。因为我们刚才已经把这种益处奖赏给了另外一种技艺，不是吗？"

"确实如此。"

"如果节制不产生有益的东西，它怎么能是有益的呢？"

"它显然没有任何益处，苏格拉底。"

"那么你瞧，克里底亚，我早先的担心是有理由的，我刚才正确地指责自己在节制中没有发现任何有用的东西，不是吗？【b】因为，如果说我在考察中起过作用，那么我没有假设我们已经承认为一切事物中最优秀的事物最后竟会变成毫无用处的东西。而现在，我们陷入了最糟糕的境地，无法找到这个被立法家赐名为节制的存在的事物。再说，我们还对从我们的论证中推导出来的许多事情表示赞同。比如，我们承认有一种知识的知识，而我们的论证并不允许我们作出这样的陈述。还有，我们承认这种知识知道其他知识的任务，而我们的论证①也不允许我们这样说，因为这样一来的话，我们有节制的人就会变成知道的人，【c】既知道他知道的事情，又不知道他不知道的事情。我们以最为慷慨的方式作出这一让步，相当忽视一个人有可能以某种方式知道他完全不知道的事情——因为我们的赞同就相当于说他知道他不知道的事情。然而，我想，没有比这更不合理的事了。【d】尽管这一考察对我们显得相当圆满和容易，但它一点儿也不能帮助我们发现真理。实际上，它在一定程度上嘲弄了真理，极为侮慢地把我们早先一致赞同和发明的节制的定义暴露为无用的。对此，我自己并不感到有太多的烦恼，但我为你感到烦恼，卡尔米德。"我说，"我确实感到烦恼，【e】有这样的身体，此外还

---

① 指苏格拉底在 169d 和 173a—d 作的假设。

有一颗最节制的灵魂，但你从节制中却得不到任何好处，节制对你当前的生活也没有任何用处。如果节制真是无用的，那么我代表那个花了大力气从色雷斯人那里学来的咒语更加感到烦恼。我确实不相信会是这种情况，而宁可认为我是一名无用的探索者。【176】因为我认为节制是一种伟大的善，如果你真的拥有它，你就幸福了。所以，看看你是否拥有这种节制，是否不再需要咒语——因为，如果你拥有节制，我给你的建议都可以当作碎嘴子的唠叨，无论用什么论证，也不能发现任何东西，而你自己只要是有节制的，就会幸福。"

卡尔米德说："苍天在上，苏格拉底，我不知道自己是否拥有节制——因为，【b】我怎能知道连你和克里底亚都不能发现的这种东西的性质，如你所说？不过，我并非真的相信你的话，苏格拉底，我想我非常需要咒语，对我来说，我愿意听你每天念咒语，直到你说我已经听够了为止。"

"很好，卡尔米德，"克里底亚说，"如果你这样做了，那么你的节制令我信服，也就是说，如果你允许苏格拉底对你念咒语，无论事情大小都决不背弃他。"

【c】"这是我今后要做的事情，"他说，"我决不会放弃。如果我不服从我的监护人，不执行你的命令，那么我的行为就非常糟糕了。"

"那么好，"克里底亚说，"这些就是我的指示。"

"我将执行你的指示，"他说，"从今天开始。"

"看着我，"我说，"你们俩在密谋什么？"

"没有什么，"卡尔米德说，"我们已经商量完了。"

"你们要强制执行，"我问，"甚至不给我事先听一下的机会吗？"

"我们必须强制执行，"卡尔米德说，"因为在这里的这个人给我下了命令，所以你最好想想自己该怎么办吧。"

【d】"想有什么用，"我说，"当你决定要用暴力解决问题时，没有一个活人能够抵抗。"

"那么好，"他说，"你就别抗拒了。"

"很好，我不会的。"我说。

拉凯斯篇

提　要

　　本篇是柏拉图的早期作品，以谈话人之一拉凯斯的名字命名。参与谈话的人物较多，均为希腊历史上的真实人物。拉凯斯是一位杰出的雅典将军，参加过伯罗奔尼撒战争。尼昔亚斯也是优秀的雅典将军，参加过多次战争，公元前413年被俘和被处死。历史学家修昔底德的《伯罗奔尼撒战争》记载了他的事迹。谈话人吕西玛库的父亲是雅典政治家阿里斯底德，谈话人美勒西亚的父亲是雅典政治家修昔底德。与他们的父亲相比，这两位谈话人没有什么重要的业绩和崇高的名声，因而关心他们儿子的教育和成长。文中说，他们的儿子也在场聆听整个谈话。苏格拉底主导了这场谈话。依据导言，谈话时间约为公元前424年以后。

　　公元1世纪的塞拉绪罗在编定柏拉图作品篇目时，将本篇列为第五组四联剧的第三篇，称其性质是"探询性的"，称其主题是"论勇敢"。[①]"勇敢"的希腊文是"ἀνδρεία"，拉丁文一般译为"virtue""fortitudo"，英文一般译为"courage""manliness""manly spirit"，意思是男子气、雄伟、坚定、刚毅、镇定、大胆，尤指军事上的勇敢。谈话人对勇敢作了较为详尽的探讨，试图界定这个概念。对话篇幅较短，译成中文约2万字。

　　谈话的导言部分（178a—181d）相当详细。吕西玛库和美勒西亚邀

---

① 参阅第欧根尼·拉尔修：《名哲言行录》3：59。

请了两名雅典老将军一同观看武士斯特西劳的武装格斗表演，然后聚在一起交谈。吕西玛库和美勒西亚希望自己的儿子能学习这门技艺，以便日后创造祖先般的辉煌业绩，而拉凯斯建议吕西玛库向在场的苏格拉底请教如何训导和教育年轻人。

第一部分（181e—189d），讨论学习武装格斗。尼昔亚斯认为，学习这种技艺对年轻人的各个方面都有益，应当接受这种训导。首先，可以使年轻人把闲暇时间用于学习知识；其次，参加这种训练能够增进身体健康；再次，可以提高作战技能，用于实战；再次，可以激发年轻人参加其他科目训练的愿望和当将军的雄心；再次，掌握这种知识可以使人变得勇敢和大胆；最后，武装格斗使敌人心惊胆战。拉凯斯指出，那些传授武装格斗技艺的武师在战场上没有突出的表现，胆小鬼学习这门技艺会变得鲁莽，勇敢者学习这门技艺会招来别人的妒忌和批评。他们寻求苏格拉底的帮助。苏格拉底指出，首先应当考察这门技艺是什么？然后再去寻找这门技艺的专家，向他们请教。学习武装格斗是形式，其目的是照看年轻人的灵魂。当年轻人的老师，老师自己的灵魂必须是善的。吕西亚斯提议，请苏格拉底来主持谈话，考察相关问题。

第二部分（189d—201c），讨论什么是勇敢。苏格拉底在谈话中指出，与穿盔甲作战的技艺相关的美德就是勇敢，所以首先要定义什么是勇敢，然后再来讨论年轻人如何通过学习和训练变得勇敢。苏格拉底清楚地告诉人们，无人能给勇敢下定义，因为他们并不拥有关于勇敢的知识。只有勇敢的行为而不知道什么是勇敢，只能算作无知。最后苏格拉底建议他的伙伴重新学习，接受教育。他本人也要这样做。

正　文

谈话人：吕西玛库、美勒西亚、尼昔亚斯、拉凯斯、苏格拉底、阿里斯底德（吕西玛库之子）、修昔底德（美勒西亚之子）

　　吕　【178】你们已经观看了那名男子汉的武装格斗①，尼昔亚斯②和拉凯斯③。美勒西亚④和我邀请你们一同观看，当时我们没有告诉你们为什么要去看他表演，而现在我们要做些解释，因为我们认为应当坦诚待人，尤其是对你们。现在有些人，【b】当别人向他们寻求建议时，他们会嗤笑请教者的坦诚，而在回答问题时隐匿自己的想法，一味迎合别人，说些与他们自己的想法不同而别人喜欢听的事情。但是，我们认为你们不仅能够形成判断，而且在形成判断后能如实说出你们的想法，正是由于这个缘故，【179】我们对你们充满信心，想要和你们进行交流。我说了这么长的开场白，缘由是这样的：我们的两个儿子在这里，这是我朋友美勒西亚的儿子，他叫修昔底德⑤，取了他祖父的名字；这是我的儿子，也取了他祖父的名字，我们叫他阿里斯底德⑥，这是我父亲的名字。我们决心尽力照看好这些青年，别像大多数父母一样，孩子成年的时候放任不管，让他们随心所欲，做自己喜欢做的事。不，我们认为现在应该有一个真正的开端了，【b】在我们力所能及的范围内。由于我们知道你们俩也有儿子，所以我们认为你们，或你们当中有人，会关心使他们成为优秀者的训练这样一类事情。如果你们对此类事情没有经常关注，那就让我们来提醒你们，你们一定不能忽视这件事，所以请你们和我们一道商议如何关心你们的儿子。尼昔亚斯和拉凯斯，尽管我讲话显得有些啰嗦，但你们必须聆听。【c】你们现在要知道，我们是带着午餐来的，孩子和我们一起吃。我们要对你们坦诚，完全如我一开始所说的那样：我们各自都会把自己的父亲的大量优秀事迹讲给年轻人听，讲他们在战争年代与和平时期如何处理盟邦和这个城邦的事务。但是，我们

---

① 武装格斗（μαχόμενον ἐν ὅπλοις），其原意为"穿上盔甲战斗"，希腊重装步兵的全副装备。

② 尼昔亚斯（Νικίας），雅典将军。

③ 拉凯斯（Λάχης），雅典将军。

④ 美勒西亚（Μελησίας），雅典政治家修昔底德之子。

⑤ 修昔底德（Θουκυδίδης），美勒西亚之子。

⑥ 阿里斯底德（Ἀριστείδης），吕西玛库之子。

俩都不会谈到自己的业绩。【d】这是我们在他们面前感到羞愧的地方，我们责备我们的父亲在我们成长时任凭我们过一种放纵的生活，而他们当时忙于其他人的事务。我们也向在这里的年轻人指出这一点，并告诫他们，如果放纵自己、不听管教，他们就会变得一文不值，但若努力了，他们也许能够变得配得上他们承袭的名字。^① 现在孩子们答应听话了，所以我们正在考虑的问题是用什么样的训导或实践能使他们变成最优秀的人。【e】有人向我们推荐了这种训导方式，说年轻人学习武装格斗是一件好事。他赞扬了你们刚才看过他表演的那位武士，还鼓励我们去见他。所以我们认为应当去见他，应当带你们一起去，不仅同场观看表演，也参与我们对孩子的教育，【180】如果你们愿意的话，向他们提出建议。这就是我们想要和你们分享的事情。所以，现在该你们向我们提建议了，不仅要谈这种训导形式——无论你们认为是否应当学——而且要谈你们推崇的、适合年轻人学习和掌握的其他种类的训导形式。你们还要告诉我们，在我们的共同事业中你们想扮演什么角色。

尼　我本人为你们的计划鼓掌，吕西玛库^②和美勒西亚，我已做好准备，打算参与。我想，拉凯斯也已经准备好了。

拉　【b】你说的很对，尼昔亚斯。不过吕西玛库刚才所说的关于他父亲和美勒西亚父亲的话，我认为，不仅对他们适用，而且对我们、对每个忙于公务的人都适用，因为这种情况很普遍——他们忽略了他们的私人事务、子女和其他事情，对孩子疏于管教。【c】所以在这一点上你是正确的，吕西玛库。但令我惊讶的是，你请我们在年轻人的教育方面与你们一道出谋划策，却不邀请在这里的苏格拉底！首先，他来自你所在的那个区；其次，他总是花费时间在那些年轻人从事学习或你们寻找的这种高尚事业的地方逗留。

---

① 给家中长子取祖父的名字是希腊人的风俗。关于两位年轻人的未来，参阅《泰阿泰德篇》150e，那里提到阿里斯底德成为苏格拉底的同伴，但后来很快就离开了。《塞亚革斯篇》130a 以下提到阿里斯底德和修昔底德。

② 吕西玛库（Λυσίμαχος），雅典政治家阿里斯底德之子。

吕　你什么意思，拉凯斯？我们的朋友苏格拉底关心过这种事情吗？

拉　当然，吕西玛库。

尼　关于这一点我确信不比拉凯斯少，因为就在最近，【d】他给我的儿子介绍过一位音乐老师。这个人的名字是达蒙①，是阿伽索克莱②的学生，在各方面都很有造诣，不仅精通音乐，而且精通你们认为这个年纪的孩子值得花费时间的其他所有技艺。

吕　苏格拉底、尼昔亚斯、拉凯斯，像我这把年纪的人不再熟悉年轻人了，因为年迈而大部分时间待在家里。【e】但是你，索佛隆尼司库③之子，如果有好建议给你的同乡，你应当提供。你有义务这样做，因为通过你的父亲，你是我的朋友。他和我一直交情不薄，亦无什么争执，直到他去世。当前的谈话提醒了我，孩子们在家闲谈时经常苏格拉底长、苏格拉底短，赞不绝口，【181】但我从未想到要问，你们讲的苏格拉底是否就是索佛隆尼司库之子。告诉我，孩子们，你们经常谈起的苏格拉底就是这位苏格拉底吗？

孩子们　没错，父亲，就是他。

吕　我高兴极了，赫拉在上，苏格拉底，你保持了令尊的美名，他是个大好人，我更加高兴的是我们两家的亲密关系又可以更新了。

拉　无论如何都别让这个人走，【b】吕西玛库，因为我看到他不仅保持着他父亲的名声，而且维护了他祖国的名声。从代立昂④撤退时，他和我一起行军，我可以告诉你，如果其他人都像他一样，我们的城邦就安全了，就不会遭受这样的灾难了。

吕　苏格拉底，你正在接受的赞扬肯定是崇高的，既因为它出自可

---

①　达蒙（Δάμων），人名。

②　阿伽索克莱（Ἀγαθοκλῆς），人名。

③　索佛隆尼司库（Σωφρονίσκος），苏格拉底之父。

④　代立昂（Δελίον），地名，公元前424年雅典军队在此被波埃提亚人打败，这一年是伯罗奔尼撒战争的第八个年头。《会饮篇》220e处谈话人阿尔基比亚德谈到苏格拉底在这次战斗中的言行。

信之人，又因为他们赞扬你的这些品质。你要相信，听到你有如此高的声望，我心中真有说不尽的快乐，请你把我当作对你心存善意之人。【c】你本人早就应该光临寒舍，把我们当作你的朋友，这样做肯定是对的。好吧，由于我们已经相互认识了，从今往后，你要和我们多来往，和我们熟悉起来，和这些年轻人熟悉起来，保持我们家族间的友谊。所以，答应我们这样做吧，我们也会提醒你恪守自己的承诺。现在，你对我们最初那个问题有什么要说的吗？你的意见是什么？武装格斗对年轻人来说是不是有用的学习科目？

苏　【d】好的，我会尽力而为，就这些事情给你们提建议，吕西玛库，也会就你要我关注的其他事情说一些看法。但是我比其他一些人年轻，经验也不如他们丰富，所以更为恰当的是让我先听其他人谈话，便于我向他们学习。如果在他们的讲话之外我有什么要添加的，到那时我再对你们说，教导和说服你和其他人。来吧，尼昔亚斯，你们俩中的哪一位为什么不开始呢？

尼　【e】噢，没理由为什么不开始，苏格拉底。我认为，学习这个部门的知识对年轻人的各个方面都是有益的。首先，使年轻人不把闲暇时间花在他们通常喜欢做的事情上，而用于学习这种知识，这是一个好主意，【182】参加这种训练能够增进身体健康，它不会比体育训练差，也不会比体育训练舒服，同时，这种武装格斗和骑术尤其适合自由的公民参加训练。因为在我们身为竞争者的格斗中，在依靠我们的战斗来解决的事务中，只有那些受过训练的人知道如何使用战争的武器和装备。还有，哪怕在实战中，当你必须与其他一些人列阵作战时，这种形式的训导也有某些好处。但是，它的最大好处在于，阵形一旦崩溃，个人就必须单打独斗，【b】要么是追击，攻击某个在保护自己的人，要么是撤退，保护你自己，避免受到任何追击者的攻击。掌握这门技艺的人，无论是一对一，还是一对多，都能很好地保护自己，而不会受到伤害，在各种情形下都有许多有利的地方。还有，这种学习会激发我们参与其他优秀训导科目的愿望，因为每个学了武装格斗的人都想要学习下一个科目，那就是有关战术的学问；【c】一旦掌握了这门学问，有了自尊，他就会去学习做一名将军的完整技艺。所以事情已经很清楚，所有值得男子汉去学习和训练的学问和事业都与这后一种技艺相连，都以武装格斗为起点。我们还要添加一个好处，这样说并不意味着这个好处最小，这种知识会使每个人在战场上比以往更大胆，更勇敢。让我们不要忽略这一点，尽管有些人会认为这不值一提，【d】这种技艺会在需要时使男子汉看上去威风凛凛，让敌人看了心惊胆战。所以，吕西玛库，我的看法就是年轻人应当接受这些教育，这样考虑的理由我都已经说过了。如果拉凯斯有什么要说，那么我很乐意听。

　　拉　事实上，尼昔亚斯，很难坚持说某种学习一定不需要，因为学习任何事情似乎都是好主意。【e】就武装格斗而言，如果它真的是一门知识，如那些教它的人所宣称的那样，亦如尼昔亚斯所说，那么这种知识一定要学；但若它并非一个真正的学习科目，那些声称要教这种知识的人是在欺骗我们，或者说它是一个学习的科目，但并非很重要，那么学习它有什么必要呢？之所以这样说，那是因为我在想，如果武装格斗真的有什么名堂，它不可能逃避拉栖代蒙人的关注，【183】他们一生都在寻求和从事可以增强他们在战争中的优越性的那些知识和事业。即使拉栖代蒙人忽略这种技艺，这种技艺的教师也肯定不会忽略这一事实，拉克戴孟人在整个希腊人中间最关心这种事，有人参加武装格斗在他们那里获得荣耀，就能挣大钱，这种情况就像在我们这里荣耀悲剧诗人。【b】这样一来，若有人设想自己是一名优秀的悲剧作家，他不会到雅典周边的其他城邦去巡回演出，而是直奔这里，把他的作品演给我们的人民看，这种事情其实很自然。我观察到，这些武师把拉克戴孟视为禁地，不敢涉足那里。他们到处奔走，愿意给任何人表演，就是不愿给斯巴达人表演——他们实际上精心挑选观众，也就是说承认有许多人的战斗技能超过他们。【c】还有，吕西玛库，我在战场上和这样的人打过交道，知道他们有多少本事。因此，我们有可能对这种事作出一手的判断。小心谨慎地说，这种武装格斗技艺的练习者没有一个在战斗中有杰出的表现。然而在其他各种技艺中，出名的人总是能实践这些技艺的人。而实践武装格斗这种技艺的人似乎运气最差。例如，【d】斯特西劳①这个人，你们和我刚刚看过他的表演，可以做见证，当着那么多观众的面，他在那里大吹大擂自己的神勇，而我曾经见过他在战场上的真实表现，可以更好地证明情况并非如此。当时他在一艘战船上当水兵，向一条运输船发起攻击，他使用的武器是钩镰枪，是长枪和镰刀的结合，像它的主人一样在军中独一无二。他的其他独特的地方不值一提，【e】让我来告诉你们他发明的这把钩镰枪的遭遇。战斗中，他的钩镰枪被那条运输船的索具给缠住了。所以斯特西劳使劲拉，想把它解脱出来，但他做不到，两条船擦肩而过。他紧紧抓住长枪在甲板上奔跑。等到运输船交错而过，把他向前拉的时候，他仍旧紧握长枪，【184】长枪在他手中滑动，直到最后只剩枪柄在他手里。看到他的笨拙举动，运输船上的人鼓掌大笑，有人向甲板上扔石头，砸在他的脚下，他才扔掉枪柄，看见那杆奇特的枪挂在运输船上晃动，就连最沉闷的人也忍不住大笑。这些事情也许有一些价值，如尼昔亚斯所认为的那样，【b】但我自己的体验我已经说过了。所以，如我开始所说，它要么是一种技艺，但用处很少，它要么不是一种技艺，但有人说它是或者想把它说成是一种技艺，无论情况如何，这种技艺都不值得学习。在我看来，如果胆小鬼想象自己掌握了这种技艺，他会由于变得鲁莽而更加清楚地表明他是什么样的人，而在勇敢者的情况下，【c】每个人都会看着他，如果他有丝毫闪失，就会引来大量的批评。其原因在于，声称拥有这种知识的人是妒忌的对象，除非他的本事远远超过其他人，否则在他宣布自己拥有这种知识的时候，不可避免地要成为嘲笑的对象。所以，学习这种技艺在我看来就是这种情况，吕西玛库。但是，如我前面说过，我们一定不能让在这里的苏格拉底走掉，而应当向他请教，让他告诉我们他对这件事的看法。

吕　好的，我确实想询问你的意见，苏格拉底，因为在我看来，【d】可以称得上我们的顾问的人需要在关键时刻投上决定性的一票。如果这两人意见一致，那么没必要进入这样的程序，而现在的情况是，你

① 斯特西劳（Στησίλαος），人名。

看到拉凯斯已经对尼昔亚斯投了反对票。所以我们确实需要听听你的意见，看你打算把赞成票投给谁。

苏　你在说什么，吕西玛库？你打算把你的赞成票投给我们多数人赞同的意见吗？

吕　噢，是的，除此之外还能怎么办，苏格拉底？

苏　【e】你，美勒西亚，也想这样做吗？假定应当有一位顾问来决定你的儿子必须参加某项体育训练，你会接受多数人的意见，还是接受在好教练的指导下接受这种教育和训练的人的意见？

美　可能是后者，苏格拉底。

苏　你会被他说服，而不被我们四个人说服吗？

美　可能。

苏　所以，我认为做一个好决定要依据知识，而不是依据多数原则？

美　当然。

苏　所以，在当前这个事例中，也必须首先考察一下，【185】在我们正在争论的这件事情上，我们中间是否有专家。如果我们中间有人是专家，那么我们应当听他的，哪怕他只是一个人，也不要去管其他人的意见。如果我们中间没有专家，那么我们必须到其他人中间去寻找专家。或者说，你和吕西玛库认为我们正在讨论的事情微不足道，不是我们的头等大事？我假定，真正的问题在于，你们的儿子是否要转变为有价值的人，管理父亲全部财产的方式与儿子转变的方式是一致的。

美　你说得对。

苏　所以我们在这些事情上必须练习未雨绸缪。

美　对，我们应当这样做。

苏　【b】那么，为了与我刚才所说的相一致，如果我们想要发现我们中间谁对体育最在行，我们应当如何进行考察？不就是寻找学习和练习过这种技艺的人和在这个特殊科目中有好老师的人吗？

美　我想是这样的。

苏　甚至在那之前，我们难道不应当考察我们正在寻找其老师的这门技艺是什么吗？

美　你什么意思？

苏　我要是这样说，也许会清楚一些：当我们问我们中间谁是这门技艺的专家，谁不是这门技艺的专家，并出于这个目的想要寻找这门技艺的老师的时候，【c】我并不认为我们已经就我们要咨询和考察什么初步达成了一致的意见。

尼　但是，苏格拉底，我们不是在考察武装格斗的技艺，讨论年轻人是否必须学习这门技艺吗？

苏　是这样的，尼昔亚斯。但是，当某人考虑是否应当用眼药的时候，你认为此刻他要接受的意见是关于眼药的还是关于眼睛的？

尼　关于眼睛的。

苏　【d】同理，当某人考虑要不要给一匹马上鞍子，我假定他此刻要接受的意见是关于马的，而不是关于马鞍的，对吗？

尼　对。

苏　总之，当某人由于某样事物的缘故而考虑另一样事物的时候，他要接受的意见是关于这样事物的，而不是有关由于这样事物的缘故而考虑的其他事物。

尼　必定如此。

苏　所以，涉及给我们提建议的人，我们应当问的是，他是否我们所关心的那个事物的专家，正是为了这个事物的缘故，我们在考虑。

尼　当然。

苏　【e】所以，我们现在要宣布，为了年轻人的灵魂的缘故，我们正在考虑学习的形式，是吗？

尼　是的。

苏　那么问题就是，我们中间是否有人是关心灵魂的专家，能够很好地关心灵魂，如果有这方面的好老师，我们必须去探访。

拉　这算什么，苏格拉底？难道你从来没有注意到，在某些事情上有人无师自通，比和老师待在一起的人做得更好？

苏　是的，我见过这种人，拉凯斯，但若这种人声称是某种技艺的大师，你不会非常情愿地相信他们，【186】除非他们拿出一些他们这种技艺的精良产品给你看，不能只拿一样，而要拿出多样。

拉 你说得对。

苏 那么，拉凯斯和尼昔亚斯，由于吕西玛库和美勒西亚出于使这些年轻人的灵魂尽可能变好的愿望，要我们就他们的两个儿子向他们提建议，如果我们说我们有这方面的老师，我们必须做的事情是把这些老师告诉他们，首先这些老师自己的灵魂是善的，也能照看许多年轻人的灵魂，【b】其次他们也显然教导过我们。或者，如果我们中有人说他没有老师，但通过自己的努力成绩斐然，那么他必须说明有哪些人在他的影响下变好了，无论这些人是雅典人还是异邦人，是奴隶还是自由民。如果这不是我们中的任何人的情况，我们应当去寻找其他老师，而不能冒险糟蹋我们的朋友的孩子，招来他们亲戚的极大指责。现在，吕西玛库和美勒西亚，【c】我要第一次说到我自己，我在这个方面没有老师。不过，我从年轻的时候就希望有老师可以跟随。但我没有钱拿去给智者，只有他们声称能够使我成为有教养的人，而另一方面我本人直到现在也没能发现这种技艺。如果尼昔亚斯或拉凯斯发现或者学到了这种技艺，我不会感到奇怪，因为他们比我富裕，可以向其他人学习这种技艺，他们也比我年长，所以他们可能已经发现了这种技艺。【d】所以在我看来，他们能够教育人，因为如果不对自己拥有的知识充满自信，他们就决不会这样毫不犹豫地指出年轻人追求的东西是有益的还是有害的。在其他事情上我对他们充满信心，但他们对这件事情的看法不一样使我感到奇怪。所以，我向你提出一个反建议，吕西玛库，正如拉凯斯催促你把我留住，不让我走，向我提问，我现在要求你别让拉凯斯走，或者别让尼昔亚斯走，【e】而要向他们提问，说苏格拉底否认对这些事情拥有知识，没有能力确定你们中间哪一个说得对，因为他否认在这方面有什么发现，也不是任何人的学生。所以，拉凯斯和尼昔亚斯，你们可以分别告诉我们，谁在你们所说的教育青年这件事情上最能干，你们是否向其他人学到了这种技艺的知识，或者说你们自己发明了这种技艺，如果你们向某人学到了这种技艺，【187】他是你们尊敬的老师，那么是否还有其他人与他们共享同样的技艺。我说这些话的原因是，如果你们公务过于繁忙，我们可以去见这些人，给他们送些礼，或者恳求他们帮忙，说服他们来管教我们和你们的孩子，这样他们就不会变得一文不值，辱没先辈了。但若你们自己是这门技艺的发现者，请向我们举例说明，哪些人通过你们的关心，已经使他们从原来一文不值转变为优秀的人。【b】如果你们现在是第一次想要开始教育人，你们必须注意有可能产生的危险，因为你们的试验品的不是卡里亚人①，而是你们自己的儿子和你们朋友的孩子，你们一定不要去做那句谚语说不要做的事情——"从制作酒坛开始学习陶艺"。② 现在请告诉我们，从这些选项中你们会做何种选择，哪些对你们是恰当的，合适的，哪些是你们要排除的。吕西玛库，从他们那里发现这些事情，别让他们跑了。

吕　【c】我喜欢苏格拉底说的话，先生们。但是你们是否愿意就这些事情提问，对它们作出解释，必须要由你们自己来决定，尼昔亚斯和拉凯斯。至于在这里的美勒西亚和我，如果愿意对苏格拉底的全部问题给出完整的回答，我们肯定很乐意。因为，如我一开始就说的那样，我们邀请你们就这些事情给我们提建议的原因是，你们思考这些事情很自然——尤其是你们的孩子也像我们的孩子一样，【d】都到了受教育的年龄。所以，如果你们不反对，你们可以讲话，与苏格拉底一道探讨这个主题，相互交换论证。因为他正确地说了，我们咨询的事情是我们各项事务中最重要的。所以，如果你们认为这是必须做的事，下定决心吧。

尼　我很清楚，吕西玛库，你对苏格拉底的了解是有限的，你熟悉他的父亲，【e】但和这个人没有什么接触，除了他还是个孩子的时候——我假定他当时混在你们中间，和你们同去的人在一起，追随他的父亲去神庙，或者参加其他公共集会。但他成年以后，你显然仍旧不熟

① 希腊有句谚语叫"拿一名卡里亚人来冒险"（ἐν τῷ Καρὶ κινδυνεύειν）。卡里亚位于小亚细亚，雅典人瞧不起那里的人，认为他们卑贱。
② 酒坛是最大的陶器，学习陶艺应当从较小的陶器开始。同一谚语也出现在《高尔吉亚篇》514 e。

悉这个人。

吕　你这样说到底是什么意思，尼昔亚斯？

尼　在我看来你好像不晓得，凡是与苏格拉底有亲密接触、与他交谈的人，必定会被他的论证牵着鼻子走，哪怕他谈论的事情与一开始很不相同，直到谈话人回答了有关自己的所有问题，【188】说出自己现在的生活方式和以往的生活方式。在谈话人顺服这种盘问之前，你明白苏格拉底不会放你走，直到他对每一个细节都进行彻底的考察。我个人已经熟悉了他的路数，知道必须接受他的这种处理，还有，我完全明白必须顺服。我喜欢与这个人为伴，吕西玛库，你千万别把它当作一件坏事，【b】因为它会引以我们的关注，关心我们做过的事情或做错了的事情。倒不如说，我认为不逃避这种处理、而是自愿按照梭伦的说法①终生学习的人，不会认为年纪大了自然会带来智慧，必定会更加关注他的余生。我接受苏格拉底的盘问，既非不寻常，又非不愉快，【c】但我很早就明白，只要苏格拉底在这里，讨论的主题很快就会转为关于我们自己的，而不是关于我们孩子的。如我所说，我本人不在乎以任何苏格拉底喜欢的方式与他谈话，但是我要询问在这里的拉凯斯对这些事情有什么感受。

拉　关于讨论我只有一种感受，尼昔亚斯，或者如果你喜欢，我得说我的感受不是一种而是两种，因为对有些人来说，我显得像是一个热衷讨论的人，而在另一些人眼中，我像是一个痛恨讨论的人。当我听到有人谈论美德或某种智慧的时候，【d】如果他真的是一个人，配得上他说出来的话，那么我会非常乐意看到说话人和他的言辞之间有恰当与和谐。这样的人在我看来是真正懂音乐的，不是依靠竖琴②或其他某些令人愉悦的乐器，而是依靠言行一致，在他自己的生活中产生一种美妙的

---

①　柏拉图在此处及稍后提及梭伦（Σόλων）的名言："我到了老年仍旧学了许多东西。"（《残篇》18）亦见《国家篇》536d。梭伦是雅典政治家和立法家（约公元前640—前558年），公元前594年任雅典执政官，实行改革。

②　古希腊的竖琴（λῦϱα），有七根弦。

谐音，这种谐音是多利亚式的①，而不是伊奥尼亚式的②，我想，它甚至也不是弗里基亚式的③或吕底亚式的④，而是仅有的真正希腊式的谐音。【e】这样的人说话令我心喜悦，由于我对他说的话表现出热情，使大家认为我是一个热衷讨论的人；但是那些以相反方式行事的人说话令我感到厌恶，他说得越好，我感觉越糟，所以他的谈话使我显得像是一个痛恨讨论的人。我现在确实不熟悉苏格拉底的言辞，但我相信，我以前就知道他的行为，在他身上我看到了言谈公正和各种坦诚。【189】所以，如果他拥有这种能力，那么我对他表示赞同，并且愿意顺服他，十分愉快地接受他的考察，我也不会感到学习是一种负担，因为我赞同梭伦的话——我希望到老仍旧能够学习许多东西——但有一点小小的保留，我只向好人学习。让梭伦为我担保，只要老师自己是个好人，我一定不会表明自己是个愚蠢的懒学生。【b】至于我的老师是否比我年轻，是否不够出名，诸如此类的事情我一点儿都不在乎。因此，苏格拉底，我向你奉献自己，请你开导我，按你过去喜欢的方式驳斥我，另外，欢迎你向我了解我知道的任何事情。自从那次我们在战场上共赴危难，我对你的品性就有了这样的看法，你的勇敢为我树立了榜样，想要有个好名声，必须提供这样的证明。所以，你想怎么说就怎么说，完全不要顾忌我们之间的年龄差异。

　　苏　【c】我们确实挑不出你有什么毛病，因为你还没有做好准备，既提出建议，又参加共同探讨。

　　吕　这个任务显然是我们大家的，苏格拉底，因为我把你算作我们当中的一员，所以请你接替我的位置，代表这些年轻人，把需要向他们学习的人找出来，然后，通过和孩子们交谈，与我们一道向他们提建

---

① 　多利亚式的（δωριστί），在古希腊各地区音乐中，多利亚的音乐雄伟壮丽，被视为希腊音乐的代表。

② 　伊奥尼亚式的（ιαστί）。

③ 　弗里基亚式的（φρυγιστί）。

④ 　吕底亚式的（λυδιστί）。

议。因为我年纪大了，经常忘记我要问的问题，也记不住回答。【d】谈话中若开始新的论证，我的记性也不那么好。所以，请你来主持，考察我们提出的这些主题。我愿意在一边听，我在听你谈话时，愿意做你们认为最好的事情，在这里的美勒西亚也愿意。

苏　让我们按照吕西玛库和美勒西亚的建议去做，尼昔亚斯和拉凯斯。问一下我们自己刚才提出来考察的问题是什么，也许不是个坏主意：【e】在这一类训导中，我们有老师吗？我们能使其他什么人变得较好？然而，我想还有另外一种考察方式会使我们面临同样境地，这种方式说不定更加接近起点。无论什么事物，假定我们知道添加其他事物于该事物之上能使其变好，还有，假定我们能够进行这种添加，那么我们显然知道对该事物应当查考些什么，乃至于知道怎样才能最容易、最好地获得该事物。【190】你们也许听不懂我的意思，换个说法会容易些：假定我们知道视力，在添加给眼睛的时候，会使眼睛的视力变好，还有，我们能够把视力添加给眼睛，那么我们显然知道视力这种东西是什么，对视力我们应当查考些什么，乃至于知道怎样才能最容易、最好地获得视力。但若我们既不知道视力本身是什么，也不知道听力是什么，我们就很难成为眼睛或耳朵的顾问或医生，【b】乃至于知道获得视力或听力的最佳方式。

拉　你说得对，苏格拉底。

苏　好吧，拉凯斯，这两个人现在不正在寻求我们的建议，以什么方式才能把美德添加到他们儿子的灵魂中去，使其变好吗？

拉　是的，确实如此。

苏　那么我们从知道什么是美德开始是不必要的吗？【c】如果我们不能非常确定地知道该事物是什么，又怎能就如何获得该事物的最佳方式向其他人提建议呢？

拉　我不认为有其他方法可以做到这一点，苏格拉底。

苏　那么我们说，拉凯斯，我们知道它是什么。

拉　是的，我们要这样说。

苏　我假定，我们知道的事物，我们一定能够说出来，是吗？

拉　当然。

苏　啊，我的大好人！让我们不要直接从考察整个美德开始——这样的话任务过于繁重——【d】让我们首先来看我们对它的某个部分是否拥有充分的知识。这样的话，我们的考察可能会容易些。

拉　是的，让我们照你想要的方式去做吧，苏格拉底。

苏　好，我们应当选择美德的哪一个部分呢？我们应当挑选的显然不就是与武装格斗技艺相连的那个部分吗？我假定，人人都会认为这种技艺导向勇敢，不是吗？

拉　我认为他们肯定这样想。

苏　那么，拉凯斯，就让我们首先来说一下什么是勇敢。【e】然后，我们再考察用什么方式把勇敢添加给年轻人，一直说到通过职业和学习来进行这种添加。不过，现在还是先试着说一下我的问题，也就是什么是勇敢。

拉　宙斯在上，苏格拉底，这个问题不难：如果一个人坚守阵地，保护自己，打击敌人，不逃跑，那么你可以肯定他是一个勇敢的人。

苏　说得好，拉凯斯。不过我恐怕没有把话说清楚，你没有回答我想要问的问题，而是另外一个问题。

拉　你这是什么意思，苏格拉底？

苏　【191】我会告诉你的，要是我能做到的话。我假定，你提到的那个人是勇敢的，也就是打击敌人，坚守阵地的人？

拉　是的，这是我的看法。

苏　我同意。但是对另一个人你怎么看，他与敌人作战，但不是坚守阵地，而是撤退？

拉　你什么意思，撤退？

苏　嗯，我指的是西徐亚人①的那种战法，有进有退；【b】我想荷马赞扬埃涅阿斯②的马，说它们知道"如何熟练地追击或是逃跑，在平

---

① 西徐亚（ΣΚυθια），欧洲东南部的古代王国，希罗多德记载了该国的情况。

② 埃涅阿斯（Αίνειας），荷马史诗中的人物。

原上跑向东跑向西"①，他还称赞埃涅阿斯本人具有害怕和逃跑的知识，称他为"恐惧和溃退的制造者"。②

拉　荷马说得对，苏格拉底，他讲的是车战，而你讲的是西徐亚人的骑兵。骑兵以这种方式作战，而重装步兵以我说的这种方式作战。

苏　【c】斯巴达的重装步兵也许是一个例外，拉凯斯。因为他们说，在普拉蒂亚③战役中，斯巴达人在对抗手执轻盾的敌军士兵时，不是坚守阵地，而是撤退了。等到波斯人④的阵势散去，他们又像骑兵一样进行回击，最后打赢了这场战斗。

拉　你说得对。

苏　所以，如我刚才所说，该受责备的是我的问题提得很糟糕，【d】使你回答得很糟糕，因为我想要向你了解的不仅是重装步兵的勇敢，还有骑兵的勇敢，还有各种士兵的勇敢。我想要包括在内的不仅是战争中的人的勇敢，还有在海上冒险的人的勇敢，还有在处于疾病、贫穷中的人的勇敢，还有在国家事务中的人的勇敢；还有，我想要包括在内的不仅是抗拒痛苦或恐惧的人的勇敢，【e】还有抗拒欲望和快乐的人的勇敢，无论是坚守阵地，还是撤退——因为有些人在这些事务中是勇敢的，不是吗，拉凯斯？

拉　确实如此，苏格拉底。

苏　所以，所有这些人都是勇敢的，但有些人在抗拒快乐中表现出勇敢，有些人在忍受痛苦中表现出勇敢，有些人在克制欲望中表现出勇敢，有些人在克服恐惧中表现出勇敢。而其他人，我想，在同样情况下表现出胆怯。

拉　是的，他们表现出胆怯。

苏　那么什么是勇敢和胆怯？这是我想要发现的。所以请再次试着

---

① 荷马：《伊利亚特》5：223。

② 荷马：《伊利亚特》8：108。

③ 普拉蒂亚（Πλαταιαί），城邦名，位于波埃提亚。

④ 波斯（Περσία），古代西亚大帝国。

首先说出什么是勇敢，这种勇敢在所有事例中都是相同的。或者说，你还没有清楚地理解我的意思？

拉　不是很清楚。

苏　【192】好吧，我的意思是这样的：假定我问什么是快捷，我们可以在跑步、弹琴、讲话、学习以及其他各种行为中找到快捷——我们实际上可以说，就其值得一提的范围内，我们只要动动胳膊，动动腿，动动舌头，出出声，或者想一想，都能表现出这种性质，是吗？或者说，这仍旧不是你想要表达这种性质的方式？

拉　是的，确实如此。

苏　那么，如果有人问我，"苏格拉底，对处于所有这些事例中的被你称作快捷的这种性质，你会怎么说"，【b】我会回答他，我所谓的快捷就是在短时间里做完许多事情的力量，无论是讲话，还是跑步，还是其他各种事情。

拉　你说得很对。

苏　那么你自己来努力一下，拉凯斯，以同样的方式说一说勇敢。它是一种什么样的力量，由于它会在快乐或者痛苦，以及我们刚才所说的其他所有事例中都会出现，因此被称作勇敢？

拉　【c】好吧，如果一定要说它在各种事例中的性质是什么，那么我认为它是一种灵魂的坚持。

苏　如果要回答我们的问题，这样做是必须的。在我看来，现在的情况是这样的：我认为你没有把所有坚持都当作勇敢。我这样想的原因是，拉凯斯，我相当确定你把勇敢当作一样非常好的东西了。

拉　最好的东西之一，你可以确定。

苏　那么你会说与智慧相伴的坚持是一样好的、高尚的东西吗？

拉　确实如此。

苏　【d】假定它与愚蠢相伴会怎么样？结果不是正好相反，它会变成坏的、有害的东西吗？

拉　是的。

苏　你会把一样坏的、有害的东西称作好东西吗？

拉　不，这样说不对，苏格拉底。

苏　那么你不允许说这种坚持是勇敢，因为它不是好的，而勇敢是好的。

拉　你说得对。

苏　那么，按照你的看法，只有聪明的坚持才是勇敢。

拉　好像是这么回事。

苏　【e】那么让我们来看它在什么方面是聪明的，在大事情和小事情上都聪明吗？比如，某个人聪明地花他自己的钱，表现出坚持，知道他现在花一些钱，以后会得到更多的钱，你会说这个人是勇敢的吗？

拉　宙斯在上，我不会这么说。

苏　好吧，假定某人是医生，他的儿子或其他病人患了肺炎，向他要些吃的和喝的，【193】而这个人坚持不给，一直加以拒绝？

拉　不，这也肯定不是勇敢，完全不是。

苏　好吧，假定一个人坚持战斗，他的战斗意愿基于聪明的算计，因为他知道其他人不久就会来支援他，到那时敌人就会比他这一方少，战斗力也会比他这一方弱，还有，他的阵地也比较坚固；你会说，拥有这种智慧和准备，表现得比较坚持的人是勇敢的，还是说对方营中那些坚守阵地的人是勇敢的？

拉　【b】我会说对方营中的人，苏格拉底。

苏　但是这个人的坚持显然比前者的坚持要愚蠢。

拉　你说得对。

苏　你会说，在遭遇骑兵攻击时表现出坚持、懂得骑术的人，与缺少这种知识的人相比，不那么勇敢。

拉　是的，我会这样说。

苏　那么，表现出坚持的人，虽然有着投石、射箭或其他技艺的知识，但不那么勇敢。

拉　【c】是的，确实如此。

苏　潜水下井，或者在其他类似的情况下，有许多人愿意坚持，但没有这方面的技能，你会说他们比那些有这方面技能的人勇敢。

拉　为什么不能这样说，除此之外，还能怎么说，苏格拉底？

苏　没有了，如果这就是这个人的想法。

拉　不管怎么说，这就是我的想法。

苏　然而，拉凯斯，这种冒险和坚持的人肯定比那些有技能做事的人愚蠢。

拉　他们显然如此。

苏　【d】我们现在发现，愚蠢的大胆和坚持，不仅是可耻的，而且是有害的，如我们前面所说。

拉　确实如此。

苏　但是我们已经赞同勇敢是一件高尚的事情。

拉　是的，它是高尚的。

苏　但是现在，正好相反，我们说一件可耻的事情，愚蠢的坚持，是勇敢。

拉　对，我们好像是这样的。

苏　你认为我们这样说有意义吗？

拉　宙斯在上，没有意义，苏格拉底，我肯定不这样说。

苏　【e】那么，按照你的说法，拉凯斯，我设定你我并没有把自己调成多利亚式的音调，因为我们的行为和言辞不和谐。在行为方面，我想任何人都会说我们分有勇敢这种品质，而在言辞上，我不认为他会这样说，如果他听了我们当前的讨论。

拉　你说得绝对正确。

苏　那么好，处于这种状况对我们有什么好处吗？

拉　肯定没有，但是我们没办法。

苏　你愿意把我们说的话限定在某个范围内吗？

拉　限定在什么范围，哪句话？

苏　【194】就是命令我们坚持这句话。如果你愿意，让我们在探索中坚守阵地，让我们坚持，这样一来勇敢本身就不会拿我们开玩笑了，说我们不能勇敢地探索勇敢——如果坚持毕竟也有可能是勇敢。

拉　我不打算放弃，苏格拉底，尽管我不太熟悉这种论证。但是，想到我们的谈话，一种绝对的取胜的愿望占据了我，【b】我确实对自己不能按照这种方式表达自己的想法感到悲哀。我仍旧认为自己知道什么是勇敢，但我不明白它刚才是怎么逃走的，所以我不能用言辞把它盯住，说出什么是勇敢。

苏　好，我的朋友，一名好猎手应当跟踪追迹，决不放弃。

拉　完全正确。

苏　那么，如果你同意，让我们召唤在这里的尼昔亚斯也来打猎——他可能更加擅长。

拉　【c】我愿意——为什么不？

苏　那么好，来吧，尼昔亚斯，如果你能做到，救救你的朋友们，他们在论证的波涛前随波逐流，发现自己困难重重。你瞧，当然了，我们的探索走上了绝路，所以说说你对勇敢的看法，把我们从困境中解救出来，用言辞把你的意思说出来，以此坚定你自己的看法。

尼　我已经想了有一会儿了，你们没有按正确的方式给勇敢下定义，苏格拉底。你没有使用你说过的一条重要意见，我以前听说过。

苏　哪一条意见，尼昔亚斯？

尼　【d】我经常听你说，我们中间有人是好的，因为他是聪明的，我们中间有人是坏的，因为他是无知的。

苏　宙斯在上，你说得对，尼昔亚斯。

尼　因此，如果一个人真是勇敢的，他显然是聪明的。

苏　你听到他说什么了吗，拉凯斯？

拉　听到了，但我不太明白他的意思。

苏　噢，我明白，他好像说勇敢是某种智慧。

拉　嗯，他说的是一种什么样的智慧，苏格拉底？

苏　【e】你为什么不问他呢？

拉　好吧。

苏　来吧，尼昔亚斯，告诉他，按照你的看法，勇敢是哪一种智慧。我不会认为它就是吹笛子的技艺。

尼　当然不是。

苏　也不是弹竖琴的技艺。

尼　远远不是。

苏　那么这是一种什么知识，是关于什么的？

拉　你正在以正确的方式向他提问。

苏　让他说，它是一种什么样的知识。

尼　【195】我要说的是，拉凯斯，勇敢是一种在战争和其他情况下有关害怕或希望的知识。

拉　他说的话真是稀奇古怪，苏格拉底。

苏　你说这话的时候心里怎么想的，拉凯斯？

拉　我心里怎么想？嗯，我认为智慧与勇敢是很不相同的东西。

苏　噢，尼昔亚斯，无论如何，就说智慧与勇敢不同吧。

拉　他肯定会说相同——这正是他胡说八道的地方。

苏　好，让我们开导他，但不要开他的玩笑。

尼　很好，但我发现，苏格拉底，【b】拉凯斯想要证明我胡说八道，只是因为他刚才表明他自己是这种人。

拉　确实如此，尼昔亚斯，我将试着证明这件事，因为你正在胡说八道。马上举一个例子：在生病这个事例中，医生不是知道要害怕什么的人吗？或者说你认为勇敢的人就是那些知道的人？你会把医生叫做勇敢者吗？

尼　不，当然不会。

拉　我不去想象，你会认为农夫也是这种情况，尽管我设想他们是知道耕种土地的时候要害怕什么的人。其他各种工匠也知道在他们的具体行当中要害怕什么，期盼什么。【c】但是我们无论如何都无法把这些人说成是勇敢的。

苏　你认为拉凯斯是什么意思，尼昔亚斯？因为他好像说出了某些事情。

尼　对，他是说了一些事情，但他说的不正确。

苏　为什么？

尼　他认为医生有关疾病的知识可以超越描述健康和疾病，而我认为他们的知识仅限于此。拉凯斯，你设想一个人害怕痊愈超过害怕生病吗？或者说，你不认为有许多不愿从疾病中康复的事例吗？【d】告诉我，你坚持认为在所有事例中，活着更可取吗？在许多事例中，不是生不如死吗？

拉　好，至少在这一点上我同意你的看法。

尼　你认为，那些死了更好的人和那些活着更好的人会害怕同样的事情吗？

拉　不，我不这样认为。

尼　但你认为这种知识属于医生或其他匠人，而那些知道害怕和不怕什么的人反而没有知识，他们就是我称作勇敢的人，是吗？

苏　你明白他的意思吗，拉凯斯？

拉　【e】是的，我明白——他把预言家称作勇敢者。因为除了预言家，还有谁能知道活着好还是死了好？你自己怎么样，尼昔亚斯，你承认自己是预言家吗，或者说，你不是预言家，所以你不是勇敢的？

尼　噢，你在说什么？你不是认为，可以恰当地说预言家知道害怕什么和希望什么吗？

拉　是的，我是这个意思，如果预言家不知道，还有谁能知道？

尼　对我正在谈论的这个人我有更多的话要说，我的朋友，因为预言家知道的只是将要发生的事情的征兆，【196】而人会经历死亡、疾病、破产，会经历胜利和失败，在战斗中或在其他各类竞赛中。但是，人是否应该承受这些事情，为什么更适宜由预言家来判断，而不是由其他人来判断呢？

拉　苏格拉底，我不清楚尼昔亚斯到底想要说什么。因为他没有选择预言家、医生或其他人作为他所谓的勇敢的人，除非他认为某位神才是他所指的。【b】在我看来，尼昔亚斯不愿意坦率地承认他所说的话都是没有意义的，为了掩饰他的难处，他就东拉西扯。不过，哪怕是你我，如果想要避免自相矛盾，也会这样东拉西扯。如果我们正在法庭上讲话，这样做也许情有可原，但在我们这样的聚会中，有什么必要说这么一大堆废话呢？

苏　【c】我看不出他这样做有什么理由，拉凯斯。不过，我们要看到尼昔亚斯说出了一些道理，而不是为说话而说话。让我们从他那里把他的意思弄得比较清楚，如果他说的有理，我们就赞成，如果他说的无理，我们再来开导他。

拉　你来向他提问，苏格拉底，如果你想发现他说的道理。我想我已经问够了。

苏　我不反对这样做，因为这场考察将是我们俩的合作。

拉　很好。

苏　【d】那么告诉我，尼昔亚斯，或者说，告诉我们，因为拉凯斯和我共享这个论证：你说勇敢就是有关希望和害怕的理由的知识吗？

尼　是的。

苏　确实很少有人拥有这种知识，如你所说，医生和预言家都没有这种知识，他们没有获得这种具体的知识，因此不是勇敢的。这不就是你说的意思吗？

尼　就是。

苏　那么，如谚语所说，这种事情确实不是"每头母猪都知道的"，所以母猪不会是勇敢的吗？

尼　我不这样想。

苏　【e】那么很清楚，尼昔亚斯，你不会把克罗密昂的母猪①当作勇敢的。我这样说不是在开玩笑，而是因为我在想，凡是持有这种立场的人必定否认任何野兽是勇敢的，或者承认某些野兽，狮子、豹子或某种野猪，足够聪明，乃至于知道如此困难、很少有人能够明白的事情。像你一样定义勇敢的人不得不肯定，狮子和雄鹿、公牛和猴子，依其本性同样都是勇敢的。

拉　【197】诸神在上，你说得好极了，苏格拉底！坦率地回答我们，尼昔亚斯，你是否真的认为那些我们全都承认是勇敢的野兽在这些方面

---

①　希腊神话中的猛兽，在科林斯境内的一个村庄克罗密昂（Κρομμυῶν），被英雄忒修斯（Θησεύς）杀死。参阅普罗塔克：《忒修斯传》9。

比我们人还要聪明，或者说，你是否有胆量反对这个总的观点，说它们不是勇敢的。

尼　绝非如此，拉凯斯，我确实把野兽或其他这类东西称作勇敢的，它们缺乏理智，不害怕应当害怕的事情。不过，我倒不如称它们为鲁莽的和疯狂的。或者说，【b】你真的认为我会把所有儿童称作勇敢的吗，他们什么都不怕，因为他们没有理智？正好相反，我认为鲁莽和勇敢不是一回事。我的观点是，很少有人拥有勇敢和预见，而大量的人，男人、女人、儿童、野兽，拥有大胆、无畏、鲁莽，缺乏预见。这些事例，你和市井之辈都称之为勇敢的，【c】而我说的勇敢者是有智慧的人。

拉　你瞧，苏格拉底，这个人用话语把自己打扮得多么漂亮，尽说他自己的观点。而对那些人人赞同是勇敢者的人，他却试图剥夺他们的荣誉。

尼　我不想剥夺你的荣誉，拉凯斯，所以你不必惊慌失措。我宣布，你是聪明的，拉玛库斯①也是聪明的，你们同时又是勇敢的，我要说，还有其他许多雅典人也是这样。

拉　这一点我不说了，尽管我可以说下去，免得落下口实，让你把我叫作典型的埃克松尼亚人②。

苏　【d】别在意他，拉凯斯，我不认为你知道他从我们的朋友达蒙那里获得了这种智慧，达蒙花了大量时间与普罗狄科③待在一起，在所有智者中，普罗狄科拥有最为擅长区分这类语词含义的名声。

拉　噢，苏格拉底，能干地作出这种区分，肯定更适合一名智者，而不适合城邦认为可以当她的领导人的人。

苏　【e】好，我假定它是合适的，我的好朋友，因为做大事的人要有大智慧。但是，我认为应该问一下尼昔亚斯，当他以这种方式定义勇

① 拉玛库斯（Λάμαχος），雅典将军，公元前415年与尼昔亚斯、阿尔基比亚德统兵远征西西里，战死于叙拉古。

② 埃克松尼（Αιξωνή）是雅典的一个区，该区人以说大话出名。

③ 普罗狄科（Πρόδικος），公元前5世纪著名智者。

敢的时候，他是怎么想的。

　　拉　好吧，你来问他，苏格拉底。

　　苏　这正是我打算做的事，我的好朋友。不过，别以为我已经把你从这个论证中解脱了。注意听，和我一道考察我们在说的事情。

　　拉　很好，如果有必要这样做。

　　苏　【198】是的，确有必要。而你，尼昔亚斯，请你从头开始再次告诉我——你知道，我们在这个论证开头的地方考察勇敢，这个时候我们把它作为美德的一个部分来考察，是吗？

　　尼　是的，是这样的。

　　苏　你不是自己作出回答，认定它是一个部分，是其他许多部分之一，这些部分都放在一起被称作美德，是吗？

　　尼　是的，为什么不是？

　　苏　你也像我一样谈论这些部分吗？除了勇敢，我把节制、正义，以及其他诸如此类的东西称作美德的部分。你不这么做吗？

　　尼　【b】确实如此。

　　苏　停一下。在这些要点上我们意见一致，但是让我们来考察害怕和相信的理由，以便确定你对待它们的方式和我们不一样。我们会告诉你我们是怎么想的，如果你不同意，请你来开导我们。我们把那些产生恐惧的东西当作可怕的，而把那些不产生恐惧的东西当作可以期待的；恐惧不仅由已经发生了的恶来产生，而且也由可以预见的恶来产生。由于害怕是对未来的恶的期待——或者说，这不就是你的观点吗，拉凯斯？

　　拉　【c】我完全同意，苏格拉底。

　　苏　你听到了我们不得不说的话，尼昔亚斯：可怕的事情是未来的恶，能激发希望的东西要么是未来的非恶，要么是未来的善。你同意这一点吗，或者说关于这个主题你有别的看法？

　　尼　我同意这一点。

　　苏　你宣布勇敢就是关于这些事情的知识吗？

　　尼　正是。

苏　让我们来看，在第三点上我们是否全都意见一致。

尼　你所谓的第三点是什么？

苏　【d】我会解释。在我和在场的朋友来看，就关于各种事物的知识而言，似乎不是有一种知识我们可以靠它来知道过去的事情怎样发生，也不是有另一种知识我们可以靠它来知道现在的事情怎样发生，更没有一种知识我们可以靠它来知道这些现在还没有发生的事情将来会如何以最佳方式发生，而是在各种情况下，这些知识就是一种知识。以健康为例，除了医疗这门技艺，不会有其他技艺分别与过去、现在、未来的健康相关联，这门技艺尽管是一门技艺，但它要考察现在怎么样、过去怎么样，将来会怎么样。【e】还有，以大地的产物为例，农耕的技艺与之情况相同。还有，我认定你们俩都可以作见证，以战争为例，统兵的技艺就是最能预见未来和其他时间的技艺——这门技艺也不认为必须由巫师的技艺来统领，而要掌握战争的技艺，【199】就要能够更好地熟悉当前的战争事务和未来的战争事务。事实上，按照法律，不是巫师给将军下命令，而是将军给巫师下命令。这不就是我们要说的话吗，拉凯斯？

拉　是的，是这样的。

苏　那么好，你同意我们的意见吗，尼昔亚斯，同一种知识是对同一种事物的理解，无论将来、现在，或者过去？

尼　对，在我看来好像是这样的，苏格拉底。

苏　【b】好吧，我的好朋友，你说勇敢是关于可怕的事物和可望的事物的知识，不是吗？

尼　是的。

苏　我们已经同意可怕的事物和可望的事物是未来的善和未来的恶。

尼　是的。

苏　而同一种知识是关于相同事物的——未来的也好，其他种类的也罢。

尼　对，是这样的。

苏　那么，勇敢不仅是关于可怕的和可望的事物的知识，【c】因为它理解的不仅是将来的善与恶，而且理解现在、过去和一切时间的善与恶，恰如其他各种知识。

尼　好像是这样的，无论怎么说。

苏　那么你已经告诉我们的勇敢相当于第三个部分，尼昔亚斯，而我们问你的是全部勇敢是什么。现在，按照你的看法，勇敢不仅是有关可怕的事物和可望的事物的知识，【d】而且你自己认为它实际上是关于所有善恶加在一起的知识。你同意这种新的改变吗，尼昔亚斯，或者，你有什么要说？

尼　这样说好像是对的，苏格拉底。

苏　那么，一个有这种知识的人似乎在各方面都远离美德了，在所有的善的事例中，他真的知道它们现在是什么，将来是什么，曾经是什么吗？在恶的事例中他也同样知道吗？你认为这个缺乏节制、正义、虔敬的人自身，【e】就有能力分别处理神事和人事，知道什么是可怕的和什么是可望的，能通过他的关于如何与他们正确联系的知识为他自己提供善物吗？

尼　我想你抓住了要点，苏格拉底。

苏　那么，你现在正在谈论的东西，尼昔亚斯，就不是一部分美德，而是全部美德。

尼　似乎如此。

苏　我们肯定已经说过，勇敢是美德各部分之一。

尼　是的，我们说过。

苏　那么我们现在说的观点似乎站不住脚了。

尼　显然不能。

苏　那么，尼昔亚斯，我们还没有发现什么是勇敢。

尼　好像没有。

拉　【200】噢，我亲爱的尼昔亚斯，你在我刚才回答苏格拉底的问题时讥笑我，我还以为你肯定能够作出这个发现。事实上，我抱着很大的希望，在达蒙的智慧的帮助下，你能处理整个问题。

尼　这就是你的良好态度，拉凯斯，在你刚才表明自己对勇敢一无所知以后，就认为这个问题不再重要了。而我会否变成和你一样的人，却使你感兴趣。【b】显然，只要你把我算作像你一样无知，那么自称必须知道这些事情和对这些事情一无所知对你来说没有什么区别。好吧，在我看来，你似乎在按常人的方式行事，紧盯其他人而不盯自己。关于当前这个话题，我已经说够了，如果还有什么要点没有充分涉及，那么我想我们可以在达蒙和其他人的帮助下晚些时候再来纠正——你认为可以讥笑达蒙，但你从来没有见过他。【c】等我在这些要点上感到保险了，我也会开导你，不会妒忌你的努力——因为在我看来，你似乎非常可悲地需要学习。

拉　你很能干，尼昔亚斯，我知道。但不管怎样，我要建议在这里的吕西玛库和美勒西亚对你我说再见，不要把你我当作年轻人的老师，而要请这位苏格拉底来为孩子们服务，如我开始所说。如果我的儿子也是这般年纪，我也要这样做。

尼　我同意，如果苏格拉底真的愿意教导这些孩子，【d】那就别去寻找其他老师了。事实上，我很乐意把尼刻拉图①交给他，如果他愿意。但是，每当我以某种方式提起这件事，他总是向我推荐其他人，而不愿自己来接受这项工作。不过，让我们来看苏格拉底是否比较愿意听你的话，吕西玛库。

吕　嗯，他会的，尼昔亚斯，因为我本人愿意为他做许多事情，而这些事情我实际上不愿意替别人做。你在说什么，苏格拉底？你愿意回应我们的请求，和我们一道积极地帮助年轻人尽可能变好吗？

苏　【e】噢，如果我拒绝帮助任何人尽可能学好，吕西玛库，那真是一件可怕的事情。如果在我们刚才的谈话中，我显得像是有知识的，而其他两人显得像是没有知识，那么应当向我发出专门的邀请，由我来承担这项任务；但是现在事情是这样的，我们全都陷入困境。【201】既然如此，为什么还要在我们中间找一个人来承担这项任务，而不偏向其

---

①　尼刻拉图（Νικήρατος），尼昔亚斯之子。

他人呢？我的想法是，他不应当挑选我们中的任何人。但是，事已至此，看看我下面要提出的忠告是否恰当，当然，仅限于我们中间：有关我们的当务之急，朋友们，我要说的是，联合起来尽可能寻找老师，首先是为我们自己，我们确实需要一位老师，然后是为年轻人，这种寻找不需要花钱，也不需要用其他东西。我不想建议说，我们自己就安于现状吧。【b】如果有人笑话我们这把年纪还要去上学，那么我想用荷马的话来回答他，"对于乞讨人来说，羞怯不是好品格。"① 所以，不要去管别人怎么说，让我们联合起来，寻求我们自己的兴趣爱好和孩子们的兴趣爱好。

　吕　我喜欢你说的话，苏格拉底，实际上，我年纪最大，也最愿意与孩子们一起去上学。【c】请你为我做件小事，明天早晨到我家来，别拒绝，这样我们就可以好好地就这些事情制定计划了，现在，让我们结束谈话吧。

　苏　遵命，吕西玛库，我明天来找你，愿神许可。

---

① 荷马：《奥德赛》17:347。

吕 西 斯 篇

提　要

　　本篇是柏拉图的早期作品，以谈话人之一吕西斯的名字命名。苏格拉底热衷于寻找出身高贵、聪明英俊、有教养的雅典青年谈话。某天，他从雅典城外西北郊的阿卡德摩去吕克昂，路遇希波泰勒等青年，受邀进到一所摔跤学校里与人谈话。吕西斯是一位英俊而谦逊的青年，受到年龄较大的希波泰勒的爱慕和追捧。整篇谈话以苏格拉底事后追述的形式撰写。

　　公元1世纪的塞拉绪罗在编定柏拉图作品篇目时，将本篇列为第五组四联剧的第四篇，称其性质是"探询性的"，称其主题是"论友谊"。①"友谊"的希腊文是"φιλία"，这个词也有爱，爱慕、爱情、友爱的意思。在本篇中，爱的含义包括父母、子女、亲属之间的爱，也包括个人之间的情爱，以及古希腊男同性恋者之间的情爱，如文中希波泰勒对吕西斯的爱慕。情爱在本篇中多有涉及，但并非本篇的主题，而在《斐德罗篇》和《会饮篇》中有更加详细的讨论。本篇谈话篇幅较短，译成中文约1.9万字。

　　谈话可以分为三个部分：第一部分（203a—211d），谈论希波泰勒对吕西斯的情爱以及吕西斯的父母对儿子的教育和管束；第二部分（211e—218c），讨论什么是友谊，什么人可以做朋友；第三部分（218c—223b）推翻已有的结论，指明尚未发现友谊的本质。

---

①　参阅第欧根尼·拉尔修：《名哲言行录》3：59。

苏格拉底主导了整个谈话。谈话从讨论希腊男性青年的交友和情爱入手，兼及父母对子女的爱护和教育，由此进入友谊的一般性质的讨论。他并非真的想要得到青年人对这个问题的看法，而是引导他们思考一系列哲学问题：什么是朋友？朋友是爱者还是被爱者？只爱别人而不被别人爱的人算是朋友吗？好人是其他好人的朋友吗？友爱的基础是什么？论证中提出的每一个论断都不能令人满意，乃至于到了最后，苏格拉底说自己虽然和年轻人是朋友，但却不知道什么是朋友。他与青年谈话的目的是激发他们思考，使之转向自己的内心世界，考察自己的生活，学会认识自己。

正　文

【203】当时我从阿卡德谟①径直去吕克昂②，走的是城墙外下面的那条小路；经过帕诺普③泉的入口时，我碰到希洛尼谟之子希波泰勒④和培阿尼亚人克特西普⑤，还有其他一些年轻人和他们站在一起。见我走过来，希波泰勒说："嗨，苏格拉底，你打哪儿来，要去哪里？"

"我从阿卡德谟来，"我说，"要去吕克昂。"

"噢，干吗不到我们这儿来呢？你不来？我向你保证，你的时间不会白费。"

"你说的是哪里？你们又有哪些人？"

"就在这里，"他说，把一扇敞开的门和一片面对城墙的空地指给我看。他说："我们很多人都在这里消磨时光。除了我们，还有其他一些

---

① 阿卡德谟（Ἀκαδημία），地名，位于雅典城外西北郊，建有纪念希腊英雄阿卡德谟的一所花园和运动场。柏拉图后来在此创办学校，他的学派被称作学园派。

② 吕克昂（Λύκαιον），地名，亚里士多德后来在此建立学校，称吕克昂学园。

③ 帕诺普（Πάνοπος），地名。

④ 希波泰勒（Ἱπποθάλης），希洛尼谟（Ἱερωνύμος）之子。

⑤ 克特西普（Κτησίππος），培阿尼亚人（Παιανίας）。

人在这里——【204】他们长得都挺漂亮。"

"这是什么地方，你们在这儿干吗？"

"这是一所新的摔跤学校，"他说，"最近才建起来。但我们花很多时间在这里讨论事情，要是有你参加，我们会很高兴。"

"你们真是太好了，"我说，"在这里谁是老师？"

"你的老朋友和崇拜者弥库斯[①]。"

"噢，宙斯在上，他是个认真的人，能干的训导者。"

"那么好，进来吧，看看有谁在这里？"

【b】"首先我想听听要我进来干什么——那个最漂亮的人的名字。"

"谁最漂亮，我们各有不同的看法，苏格拉底。"

"所以告诉我，希波泰勒，你认为谁最漂亮？"

他羞红了脸，说不出话来，所以我说："啊！你不必回答这个问题，希波泰勒，还是告诉我你是否在和这些青年中的某一位谈恋爱——我能看出你不仅在恋爱，而且已经陷得很深了。【c】我也许在其他事情上不那么能干，但我有一种神赐的本事，一眼就能看出谁在恋爱，他爱的是谁。"

听了此话他的脸更红了，使得克特西普说，"太妙了，希波泰勒，脸红成这样，不肯把情人的名字告诉苏格拉底。假如他跟你多待一会儿，不停地听到这个名字，非感到厌烦不可。【d】他已经快把我们给吵聋了，苏格拉底，不停地在我们耳边讲吕西斯。他就好像喝醉了酒，而我们在半夜里被他吵醒，听到的都是吕西斯。糟糕的是，他在平常谈话中也不停地讲吕西斯，更为不堪的是他想用他的情诗和文章把我们淹死。最糟糕的是，他用他那自命不凡的声音对着他的情人唱歌，而我们还得耐心听。而现在，你问他名字的时候他倒脸红了。"

【e】"吕西斯一定很年轻，"我说，"我这样说是因为我想不起他是谁来了。"

"那是因为大家并不经常叫他自己的名字，而是说他是某某人的儿

---

① 弥库斯（Μίκκος），人名。

子，但他的父亲是个名人。我敢肯定，你知道这孩子长什么样，他的相貌足以告诉你他是谁了。"

"告诉我他是谁的儿子。"我说。

"他是埃克松尼①的德谟克拉底②的长子。"

"噢，恭喜你，希波泰勒，找了一位精神饱满、高贵的爱人！【205】来吧，表演给我看，像你当着你这些朋友的面那样，这样我就能知道你是否懂得一位情人当着他的男朋友的面应当说些什么，或者当着其他人的面应当说些什么。"

"你把他说的话当真吗，苏格拉底？"

"你否认你在和他提到的这个人恋爱吗？"

"不，但我完全否认我给他写过情诗。"

"这个人有病，他在胡说。"克特西普喊道。

【b】"好吧，希波泰勒，"我说，"我不需要听什么诗歌或颂词，你为你的情人写也好，没有为他写也罢。你只要告诉我一个大概的意思，我就能知道你会如何对待他。"

"噢，你为什么不问克特西普呢？他一定能全部回想起来，因为他说我不停地在他耳边说这些事，把他的耳朵都要吵聋了。"

"我确实记得很清楚，"克特西普说，"说起来真是太可笑了，苏格拉底。我的意思是，就是他，全神贯注地盯着他的情人，完全不能正常地说话，【c】连一个孩子都不如。你能想象这有多么荒唐吗？他能想到要说的或要写的，尽是那些满城皆知的事情——有关德谟克拉底、这孩子的祖父、他的所有祖先的诗歌，他们的财富和骏马，他们在庇提亚③赛会、伊斯弥亚④赛会、奈梅亚⑤赛会上取得的胜利，参加赛车比赛和

---

① 埃克松尼（Αἰξωνή），雅典的一个区。

② 德谟克拉底（Δημοκράτης），人名。

③ 庇提亚（Πυθώ），地名。

④ 伊斯弥亚（Ἴσθμια），地名。

⑤ 奈梅亚（Νεμέα），地名。

骑马比赛。① 然后他还真的写了古代的事情。就在前天，他给我们朗诵了一首短诗，【d】讲的是赫拉克勒斯的功绩，说他们的一位祖先如何在家中款待这位英雄，因为他和这位英雄有亲戚关系——说赫拉克勒斯②是宙斯和他们部落创建者的女儿生的——真的，尽是些乡间老妇纺纱时说的陈词滥调。这就是他朗诵和歌唱的，苏格拉底，还要强迫我们听。"

听了这番话，我说，"希波泰勒，你应当受到嘲笑。你真的还没有获胜，就已经在创作和歌唱你的胜利颂歌了吗？"

"我没有为自己创作和歌唱胜利颂歌。"

"你只是自己认为没有。"

"怎么会呢？"他说。

【e】"这些颂歌确实都与你有关，"我说。"如果你征服了这样一位青年，那么你所说的和你所唱的一切都会转变为歌颂你自己，你是胜利者，赢得了这样一位男朋友。但若他跑了，那么你对他的美与善的赞扬越是热烈，你就显得越是有了巨大的损失，【206】也就更应当受到嘲笑。这就是情场老手在没有获得情人之前不会赞美情人的原因，他担心将来事情会有变化。此外，那些漂亮男孩被人赞美，会头脑膨胀，以为自己真是个人物了。你不认为事情就是这样的吗？"

"确实如此。"他说。

"他们越是头脑膨胀，也就越难上手。"

"好像是这样的。"

"好吧，如果一名猎人惊吓猎物，使其变得更难捕捉，你会怎么想？"

"他真够笨的。"

【b】"用语言和音乐去驱赶野兽，而不是引诱它，哄骗它，岂不是

---

① 古代希腊有四个希腊全民族的赛会（运动会）：奥林匹亚赛会、庇提亚赛会、伊斯弥亚赛会、奈梅亚赛会，赛会期间不仅有体育比赛，而且还有各种文艺活动。

② 赫拉克勒斯（Ἡρακλῆς），希腊神话英雄，有许多伟大业绩。

一种巨大的误用？"

"嗯，是的。"

"那么，小心点儿，希波泰勒，别用你的诗歌辱没自己。我不认为你会说一个用诗歌伤害自己的人仍旧是好诗人——毕竟，他伤害了自己。"

【c】"不，当然不会，"他说，"这样说没有任何意义。但这也正是我把这些事情告诉你的原因，苏格拉底。那么，一个人应该对他预期的男朋友说些什么和做些什么，才能使男朋友喜欢他，你能向我提出什么不同的建议吗？"

"这可不容易说。但若你愿意带我去和他交谈，我也许能给你做个示范，如何与他谈话，而不是用你这里的朋友说你使用的那种方式对他说话和唱歌。"

"这不难，"他说，"只要你愿意和克特西普一起去，【d】坐下来开始谈话，我想他一定会过来的。他真的很喜欢听人谈话，苏格拉底。此外，他们正在庆祝赫耳墨斯①的节日，那些青少年都聚集在一起。不管怎么说，他可能会来的，万一他不来，他和克特西普相互认识，因为克特西普的堂兄是美涅克塞努②，美涅克塞努是吕西斯最亲密的伙伴。所以，如果他自己不来，就让克特西普去喊他。"

【e】"就这么办吧，"我说。带着克特西普，我走进摔跤学校，其他人跟着我们。进到里面以后，我们发现献祭和崇拜典礼已经结束，但青少年们仍旧穿着节日盛装，聚在一起，玩羊趾骨游戏。他们大部分人在庭院里玩耍，也有些人聚在更衣室的角落里，从小篮子里摸出许多趾骨来。【207】还有一些人站着围观，看着他们玩，其中就有吕西斯。他站在青少年中间，头上戴着花冠，不仅称得上是一名漂亮的男孩，而且是一名有教养的年轻绅士。我们走到更衣室的另一端，那里比较安静，坐下来开始聊天。吕西斯不停地转过头来朝我们这边看，显然有些想过来

---

① 赫耳墨斯（Ἑρμῆς），希腊神灵，为众神传信并接引亡灵入冥府。

② 美涅克塞努（Μενεξένος），人名。

的意思，但又怕难为情，不敢独自走过来。过了一会儿，【b】美涅克塞努走了进来，他在庭院里的游戏结束了，看到克特西普和我，他过来找了个位子坐下。看到他来了，吕西斯也走了过来，坐在美涅克塞努旁边，然后，其他人也都围了上来。当希波泰勒（让我们别忘了他）看到人们都围坐在一起的时候，他找了一个后面的位子——以为待在这里吕西斯就看不见他了，生怕自己会冒犯吕西斯——就在那里听我们谈话。

然后，我看着美涅克塞努，问他："德谟封①之子，你们俩哪个岁数大？"

"对此我们有争议。"他说。

【c】"那么，你们俩哪个家族更高贵可能也有争议。"我说。

"是这样的。"他说。

"你们俩哪个更漂亮也是这样的。"他们俩都笑了。

"当然了，我不会问你们俩谁更富裕。因为你们是朋友，不是吗？"

"当然是！"

"俗话说，朋友共有一切；所以在这个方面，你们不会有什么分歧，如果你们俩真的是朋友。"

他们都表示同意。

【d】然后我就问他们谁比较正义，谁比较聪明，直到有人进来找美涅克塞努，说教练喊他。似乎他在祭仪中还有事要做，所以他走了。于是，我接着问吕西斯，"我可以假定，吕西斯，你的父母非常爱你，对吗？"

"噢，是的。"他说。

"所以他们希望你越快乐越好，对吗？"

"当然了。"

【e】"好吧，假定一个人是奴隶，不能做他喜欢做的事，你认为他会快乐吗？"

---

① 德谟封（Δημοφῶν），美涅克塞努之父。

“不会，宙斯在上，我不这样认为。”

“那么好，如果你的父母爱你，想要你快乐，那么他们肯定会想方设法确保你是快乐的。”

“当然是这样。”他说。

“所以他们允许你做你喜欢做的事，从来不责备你或者阻止你去做你想做的事。”

“不对，苏格拉底，有很多事情他们不让我做。”

【208】“你这样说什么意思？”我说，“他们想要你快乐，却又阻止你做你想做的事。还是这样说吧。假定你想坐你父亲的马车，自己握着缰绳赶车。你的意思是，他们不会让你这样做？”

“对，”他说，“他们不会让我这样做。”

“好吧，他们会让谁来赶车？”

【b】“家里有车夫，他从我父亲那里挣工钱。”

“什么？他们相信雇来的车夫而不相信你，对那些马他可以做他喜欢做的事，为此还要付工钱给他？”

“嗯，是的。”

“我假定他们会让你去赶骡车，如果你想拿起鞭子抽打骡子，他们也会允许的，是吗？”

“他们为什么会允许？”他说。

“有谁得到允许抽打它们吗？”

“当然，”他说，“赶骡车的人。”

“他是奴隶还是自由人？”

“奴隶。”

“如此看来，你的父母相信奴隶胜过相信自己的儿子，把他们的财产托付给他而不是托付给你，让他做他想做的事，【c】但是阻止你。不过，告诉我另一件事情。他们允许你管自己的生活，还是说他们连这也不允许？”

“你在开玩笑吧？”

“那么谁在管你？”

"管我的书童① 就在这里。"

"他不是个奴隶吗？"

"那又如何？他是我们家的，不管怎么说。"

"太奇怪了，一个自由人要受奴隶的管束。这个管你的人如何管你；我的意思是，他做些什么？"

"他主要送我去上学。"

"你们学校里的老师，他们也要管你，是吗？"

"确实如此。"

【d】"看来你父亲已经决定给你加派一些主人和暴君。不过，等你回家去你母亲那儿，她会让你做你喜欢做的事，能使你快乐的事，比如她在织布时会让你摆弄羊毛和织机，是吗？她不会阻止你碰那些梳子、梭子和其他织布工具，是吗？"

【e】"阻止我？"他笑了，"如果我碰那些东西，她会打我。"

"太可怜了！"我说，"你一定犯了大错，冒犯了你的父母。"

"没有，我发誓！"

"那么，他们为什么要用如此奇怪的方式阻碍你快乐，不让你做你喜欢做的事？为什么他们要让你整天处于他人管束之下？【209】为什么你几乎不能做任何你想做的事情？结果就是，看起来，你的众多家产对你没有任何好处。除了你，其他人在支配它们，再说到你这个人，尽管出身良好，却要由别人来照看，而你，吕西斯，什么也管不了，你想做的事情一样也做不成。"

"噢，苏格拉底，这是因为我还没有完全成年。"

"不是这样的，德谟克拉底之子，因为还是有些事情，我想，你的父母会交给你做，而不需要等到你完全成年。【b】比如，当他们希望有人为他们写点什么或者读点什么的时候，我敢打赌，在这个家的所有人中间，你是他们的首选。对吗？"

"对。"

---

① 书童（παιδαγωγός），侍候主人及其子弟读书并做杂事的未成年的仆人。

"没有人会告诉你哪个字母先写，哪个字母后写，在读的时候也一样。当你拿起竖琴的时候，我确信你的父亲或母亲都不会阻止你调紧或者放松哪一根琴弦，你想怎么做都可以，或者是用琴拨子弹琴还是只用手指头弹琴。"

"不，他们不会。"

【c】"那么，这是怎么回事？他们在这些事情上会让你自行其是，但并非在我们已经谈过的所有事情上都会这样做？"

"我想，这是因为我对这些事情是懂行的，但对其他事情不懂。"

"啊！"我说，"所以你父亲并不是在等你成年，然后把一切都交给你，而是只要他认为你比他还要懂得多了，他就会把他自己，以及属于他的一切，都交给你。"

"我猜想是这样的，"他说。

"那么好吧，"我说，"你的邻居怎么样？【d】他会像你父亲一样对你进行管束吗？当他知道你在管理家产方面比他懂得还要多，他会把财产托付给你吗，或者他宁可自己来管理？"

"我想他会把家产交给我来管。"

"雅典人会怎么样？你认为，当他们察觉到你懂的够多了，就会把他们的事务交给你去管吗？"

"我肯定他们会的。"

"好，宙斯在上，让我们不要止步于此，"我说，"那位伟大的国王怎么样？【e】他会让他的长子，亚细亚王位的继承人，来给他的炖汤里添加任何调料吗，或者他会托付我们，假定我们来到这位国王面前，并且令人信服地证明我们的烹调技术极为高超？"

"噢，当然是让我们来做。"

"他不会让他的儿子往汤罐里放一丁点儿东西，而我们可以往里面放任何东西，哪怕我们想往里面撒一把盐。"

"对。"

【210】"再比如他的儿子害了眼疾，而他知道他的儿子不懂医术，那么他会允许他的儿子自己去触摸眼睛，还是会去阻止他？"

"阻止他。"

"但若他知道我们是医生，他会阻止我们给他的儿子治病吗？哪怕我们要撑开他儿子的眼皮，敷上药粉，因为他会认为我们知道我们在干什么。"

"对。"

"所以，他会把事情托付给我们做，而不是交给他自己或他的儿子，无论什么事，只要我们对他显得比他自己或他的儿子更有技术。"

"他一定会这样做，苏格拉底。"他说。

"所以，整件事情是这样的，我亲爱的吕西斯：凡在我们内行的领域中，【b】人人都会相信我们，无论是希腊人还是野蛮人，是男人还是女人，在此范围内，我们可以按我们的意愿行事，不会有人阻拦我们。在这些事情上我们自己是自由的，还能控制其他人。这些事情属于我们，因为我们从中可以得到某些好处。而在那些我们并不懂行的领域中，没有人会允许我们按自己的意愿行事，也不会有人把这些事托付给我们做，【c】而是每个人都会尽力阻止我们，不仅陌生人会阻拦，甚至连我们的父亲、母亲、亲戚、朋友都会阻拦。在这些事情上，我们自己要服从其他人的命令；这些东西实际上不是我们的，因为我们从中得不到任何好处。你同意是这么回事吗？"

"我同意。"

"那么好吧，在那些我们一无是处的领域中，我们会成为某人的朋友吗，或者有人会爱我们，和我们交朋友吗？"

"根本不会。"

"如此说来，如果你是无用的，那么你父亲不爱你，如果某个人是无用的，那么其他人也不会爱他，是吗？"

"不爱。"

【d】"但若你变聪明了，我的孩子，那么人人都会成为你的朋友，人人都会与你亲近，因为你是有用的和好的。如果你没有变聪明，没有人会成为你的朋友，哪怕你的父母和亲戚。现在，告诉我，吕西斯，在一个人的心灵还没有接受过训练的领域中，他有可能成为行家吗？"

"这怎么可能呢?"他说。

"如果你需要老师,那么你的心灵还没有受过训练。"

"对。"

"那么你不是一位行家,因为你还没有让你自己的心灵受过训练。"

"你迫使我走到这一步,苏格拉底!"

【e】听了吕西斯最后的回答,我看了希波泰勒一眼,差点犯下大错,因为这时候我心里想说的是:"你对你的男朋友说话就应当这样说,希波泰勒,挫败他们,把他们打回原形,而不是像你这样吹捧,奉承他们。"然而,看到希波泰勒听了我们的谈话以后表现出来的焦急和生气的样子,我顿时想起他为什么要站得那么远,以避免被吕西斯看见,所以我勒住了自己的舌头,没有对希波泰勒说这些话。【211】就在这个时候,美涅克塞努回来了,坐在吕西斯旁边,就是他原来坐的地方。吕西斯转过身来,天真幼稚地在我耳边轻声私语,不想让美涅克塞努听见。"苏格拉底,把你刚才对我说的话告诉美涅克塞努。"

我对他说:"为什么你自己不告诉他,吕西斯?你刚才听得很仔细。"

"我是听得很仔细,"他说。

【b】"那就试试看,尽可能把刚才的话全都记起来,这样你就能清楚地告诉他了。要是你忘了什么,你可以在下次碰到我的时候再问我。"

"我会的,苏格拉底,你可以放心。但是现在你跟他谈些别的事情吧,这样我在回家之前也可以听到。"

"行,我想我必须这样做,因为这是你的要求。但若美涅克塞努想要驳斥我,你得出手救我。你难道不知道他是一个什么样的争论者吗?"

"我当然知道——他争论起来真是不顾一切。这就是我为什么想要你跟他讨论的原因。"

【c】"这样我就能使自己成为一个傻瓜吗?"

"不,这样你就能给他一个教训!"

"你在说什么?他非常能干,又是克特西普这方面的学生。你瞧,克特西普本人就在这里!"

"别在意任何人，苏格拉底。开始讨论吧，向他提问。"

我们俩的戚戚私语被克特西普打断了，他问："这是你们两人的私下谈话吗，我们可以分享吗？"

【d】"你们当然可以分享！"我说，"吕西斯对我刚才说的有些事情不太懂，不过他说他认为美涅克塞努懂，要我去问他。"

"那么你为什么还不问呢？"

"我正想这么做，"我说，"美涅克塞努，请你告诉我一些事。我从小就想要拥有一些东西。你知道是怎么回事，每个人都不一样，【e】有人想要马，有人想要狗，有人想要钱，有人想要名声。嗯，我对这些东西不那么热衷，但却有着火一样的热情想要有朋友，我以在上的宙斯的名义起誓，我宁要一位好朋友，不要世上最漂亮的鹌鹑或最出色的斗鸡，更不要世上最名贵的马或狗。我以神犬的名义起誓，我心中确信，我宁可要一位朋友，而不要大流士①国王的全部黄金，【212】甚至不要当大流士。这就是我对朋友和同伴的高度评价。这就是为什么，当我看到你和吕西斯在一起的时候，我心中真感到茫然；我在想，你们俩还如此年轻，就已经快速轻易地得到了我说的这种东西，真是太神奇了。因为你们事实上相互拥有，把对方当作真正的朋友，还那么快。而我就不一样了，就获得这种东西来说，我甚至连一个人怎样成为另一个人的朋友都不知道，这就是我想要向你提出的问题，因为你已有这方面的经验。【b】所以，告诉我，当某人爱另外一个人的时候，他们俩中间的哪一个成为另一个人的朋友，是那位爱者，还是被爱者？或者说，这两种说法没有区别？"

"我看不出有什么区别。"他说。

"你的意思是，"我说，"他们俩都成了对方的朋友，而他们俩只有一个在爱对方？"

"在我看来好像是这样的。"他说。

"嗯，再来看这一点：如果某人爱某人，但被爱者不一定回过来爱

---

①　大流士（Δαρεῖος），波斯国王，公元前521年继位，死于公元前486年。

那位爱者，有这种可能吗？"

"对，有可能。"

"他甚至有可能被恨吗？【c】这不就是年轻人常有的对待爱他们的人的方式吗？他们深深地爱着对方，但是感到自己没有得到爱的回报，甚至被恨。你不认为这是真事吗？"

"是真事。"他说。

"在这样的事例中，一个人是爱者，另一个被爱。对吗？"

"对。"

"那么谁是谁的朋友呢？爱者是被爱者的朋友，无论他是否得到被爱者的回爱，或者哪怕是被恨？或者说被爱者是爱者的朋友？或者情况是这样的，两个人都没有爱对方，也都不是对方的朋友？"

【d】"好像是这样的。"他说。

"所以我们的看法与先前不同了。起先我们认为，如果某人爱另一个人，他们就都是朋友。但是现在，除非他们都爱对方，否则他们就不是朋友。"

"也许是这样的。"

"由此可见，爱者若不能得到回爱，就不能成为被爱者的朋友。"

"好像不能。"

"所以，没有什么爱马者，除非马也爱他们，也没有什么爱鹌鹑者、爱狗者、爱酒者、爱锻炼者。【e】更没有什么爱智者，除非智慧也爱他们。尽管这些东西不是人的朋友，但确实有人爱它们，这就使说了下面这些话的诗人成了撒谎者，'有朋友，有子女，有骁勇的战马和猎犬，这样的人幸福吗？'"①

"我不这么看。"他说。

"那么你认为他说得对？"

"是的。"

"那么，被爱者是爱它的人的朋友，或者说，美涅克塞努，被爱者

---

① 梭伦：《残篇》23。

好像是爱它的人的朋友，【213】无论被爱者爱他还是恨他。举例来说，那些幼儿，因为太幼小还不能表现他们的爱，但却不会因为太幼小而不能表达他们的恨，当人们受到母亲或父亲的责罚时，这种时候就会表现出他们的恨来，恨他们的父母，恨他们最亲密的朋友。"

"好像是这样的。"

"所以按照这一推论，爱者不是朋友，而被爱者是朋友。"

"是这样的。"

"所以，被恨者是敌人，恨者不是敌人。"

"显然如此。"

"如果是被爱的对象，而非爱者，是朋友，那么许多人被他们的敌人所爱，被他们的朋友所恨，【b】这些人对他们的敌人来说是朋友，对他们的朋友来说是敌人。但是，我亲爱的朋友，这样说没有任何意义，我实际上认为，成为一个人的朋友的敌人和成为一个人的敌人的朋友是完全不可能的。"

"对，苏格拉底，我认为你说得对。"

"那么，如果这是不可能的，会使爱者成为被爱者的朋友。"

"显然如此。"

"也使恨者成为被恨者的敌人。"

"必然如此。"

【c】"那么我们要被迫同意我们前面的说法，某人经常是某个非朋友的朋友，甚至是某个敌人的朋友。你爱某人而他不爱你，甚至恨你，就是这种情况。某人经常是某个非敌人的敌人，甚至是某个朋友的敌人，当你恨某人而他不恨你，甚至爱你，这种情况就发生了。"

"也许。"他说。

"那么我们该怎么办呢，"我说，"如果既不是那些爱者，又不是那些被爱者，也不是那些既爱又被爱的人？除了这些人以外，是否还有其他人我们可以说能够相互成为朋友呢？"

"宙斯在上，"他说，"我肯定想不出还有什么人能相互成为朋友。"

【d】"美涅克塞努，"我说，你认为我们的整个探讨也许走了一条错误的道路吗?"

"我认为肯定是这样的,苏格拉底。"吕西斯说。说这话的时候,他的脸又红了。我得到非常深刻的印象,他的这句话是无意识地脱口而出,因为他在全神贯注地倾听我们的谈话,非常清楚我们说了些什么。

这时候,我想让美涅克塞努松口气,【e】也为另一位① 喜爱哲学而感到高兴,于是我就转向吕西斯,与他直接交谈起来。我说:"你说得对,吕西斯,如果我们的探讨沿着正确的道路前进,就不会像现在这样迷失方向了。让我们不要再朝这个方向前进了。这条探索道路在我看来太艰难了。我想我们最好还是返回我们刚才迷失方向的地方,【214】寻求诗人的指点,聆听前辈发出的人类智慧之声。谁是朋友,有关这个论题他们说过的话决不是微不足道的:神本身使人们成为朋友,把他们聚在一起。我记得他们是这样说的,'神总是使同类相聚'②,【b】使他们相互认识。或者说,你没听说过这些话吗?"

他说他听说过。

"一帮博学的贤人也说了同样的意思,同类的东西必定永远是朋友,你没有读过他们的书吗? 你知道,这些人谈论和撰写有关自然和宇宙的事情。"

"是的,我读过。"他说。

"那么你认为他们说得对吗?"我问道。

"也许是对的。"他说。

"我说,也许只对一半,"我说,"也许全对,但我们读不懂。【c】按照我们的思路,某个恶人与另一个恶人越接近,联系越多,他就越会变成另一个恶人的敌人。因为他会对其行不义之事。那些行不义的人和那些承受不义的人不可能成为朋友。不是这样吗?"

"是这样的。"他说。

"那么,这就使得这个说法有一半不对了,如果我们假定恶人相互

---

① 指吕西斯(Λύσις)。

② 荷马:《奥德赛》17:218。

喜爱。"

"你说得对。"他说。

"但是我想，他们的说法的意思是好人相互喜爱，是好朋友，【d】而恶人——如另一种说法所说的那样——决不会相互喜爱，甚至不会喜爱他们自己。他们变化多端，极不稳定。如果某个事物与它自己都不是同类，与它自身都不一致，而是变化莫测，那么它很难喜爱其他事物，成为其他事物的朋友。你不同意吗？"

"噢，我同意。"他说。

"好，我的朋友，在我看来，那些说'同类是朋友'的人的隐藏的意思是，只有善者是朋友，而恶者决不会与善者或恶者成为真正的朋友。你同意吗？"

他点头表示同意。

【e】"所以，我们现在知道了。我们知道什么是朋友了。我们的讨论告诉我们，只有好人才能成为朋友。"

"在我看来，这一点好像完全正确。"

"我也是，"我说，"不过，对此我仍有一些不安。宙斯在上，让我们来看我为什么仍旧有点怀疑。喜爱朋友就是喜爱与其相同的人，就像他对他的同类是有用的那样，是吗？我可以用更好的方式来表达我的意思：当某个事物，无论它是什么，喜爱别的事物时，它怎么能够以它不能有益或伤害它自身的方式有益或伤害它的同类呢？【215】或者说，不能以对它自己做某事的方式对其同类做些什么吗？不能互相帮助的事物能互相珍视吗？此外，还有什么办法吗？"

"不，没有了。"

"如果不被珍视，有任何事物能成为朋友吗？"

"不能。"

"那么好吧，同类不是朋友。但是，善者仍旧是善者的朋友，就其是善的而言，而同类不能是朋友，就其是相同的而言，不是这样吗？"

"也许是。"

"那么，这个看法怎么样？一个善人，就其是善的而言，不是自足的吗?"

"是自足的。"

【b】"自足的人之所以不需要任何东西,不就是因为他的这种自足性吗?"

"他怎么能这样呢?"

"不需要任何东西的人也不会珍视任何东西。"

"不,他不会。"

"不珍视的东西,他不会爱。"

"肯定不会。"

"凡是不爱的人不是朋友。"

"显然不是。"

"那么这世上的善人怎么能够成为善人的朋友呢? 他们分开的时候不会相互思念,因为哪怕在这种时候他们也是自足的,而他们在一起的时候,又不会相互需要。像这样的人还有可能以任何方式相互珍惜吗?"

"没有。"

"但是,不相互珍惜对方的人不能成为朋友。"

"对。"

【c】"现在,吕西斯,考虑一下我们是怎样偏离正道的。在这个地方,我们好像整个儿搞错了,是吗?"

"怎么会呢?"他问道。

"我曾经听某人说——我刚刚才想起——同类相敌,好人敌视好人。他引用赫西奥德的话为证,'陶工对陶工生气,诗人对诗人生气,乞丐对乞丐生气。'①【d】他还说这对其他任何事物都是一样的,事物越是相同,就越会充满妒忌和争斗,就越会相互仇恨,而事物差别越大,就越会结成友谊。穷人要和富人交朋友,弱者要和强者交朋友——为了帮助的缘故——病人要和医生交朋友,总之,无知的人必须珍视有知识并爱他的人。【e】然后他继续提出一个给人深刻印象的观点,说相同者完全

---

① 赫西奥德:《工作与时日》25—26。

不是相同者的朋友，实际情况正好相反，事物的对立程度越高，相互之间就越是友好，因为每个事物都想要它的对立面，而不想要和它相同的东西。干要湿，冷要热，苦要甜，利要钝，虚要盈，盈要虚，其他一切事物莫不如此。他说，相异者是其对立面的食粮，相同者不喜欢与其相同者。好吧，我的朋友，【216】我认为他非常能干，把这些事情说得很清楚。不过，你们俩认为他说得怎么样？"

"听起来好像不错，"美涅克塞努说，"至少你听了他的话以后把它说成这样。"

"那么我们应当说对立者是其对立者的最佳朋友吗？"

"绝对要这样说。"

"但是，美涅克塞努，"我说，"这是错的。所有那些爱挑事的好辩之士马上就会跳出来指责我们，【b】问我们敌意是不是与友谊最为对立的东西。我们该如何回答他们呢？我们不是必须承认他们说得对吗？"

"是的，我们要承认。"

"那么，他们会继续问，是某个朋友对这个朋友有敌意，还是这个朋友对某个朋友有敌意？"

"都不是。"他答道。

"所以正义者是非正义者的朋友，节制者是非节制者的朋友，善者是恶者的朋友，是吗？"

"我不这样认为。"

"但若，"我说，"某事物是某事物的朋友，因为它们是对立的，那么这些事物必定是朋友。"

"你说得对，它们必定是朋友。"

"所以，相同者不是相同者的朋友，对立者也不是对立者的朋友。"

"显然不是。"

【c】"但是还有一个要点我们必须加以考虑。我们可能忽视了其他某些事情，这些事物可能都不是朋友，而是某个既非恶又非善的事物会变成善者的朋友，正是由于这个原因。"

"你这话是什么意思？"他问道。

"宙斯在上，"我说，"我自己也不知道。我有点头晕，因为我们的论证太复杂了。也许那句古老的谚语说得对，美者是朋友。无论如何，美的东西与那些柔软平滑的东西有相似之处，【d】也许正是由于这个原因，我们触摸起来就感到很光滑，因为它就是这样的东西。我现在坚持这种看法，好的就是美的。你认为怎样？"

"我同意。"

"好吧，现在我要像预言家那样封蜡①了，我要说，既非善又非恶的事物是美者和善者的朋友。请注意，看我说预言的动机是什么。在我看来，事物似乎有三种：好的、坏的、不好不坏的。你怎么看？"

"在我看来也是这样，"他说。

【e】"善者不是善者的朋友，恶者也不是恶者的朋友，善者也不是恶者的朋友。我们先前的论证不允许这些说法。只剩下一种可能性。如果某事物可以成为任何事物的朋友，那么善的事物或恶的事物都不可能成为善者或与其自身相同者的朋友。因此，我不认为任何事物能成为恶者的朋友。"

"对。"

"但我们刚说过，相同者不是相同者的朋友。"

"对。"

"所以既非善又非恶的事物不会是某个与其相同的事物的朋友。"

"显然不会。"

【217】"由此可见，只有既非善又非恶的事物是善者的朋友，仅对善者而言。"

"看来这是必然的。"

"那么好，孩子们，我们当前的陈述在沿着正确的道路前进吗？假定我们考虑一个健康的身体。它不需要医生的帮助。它处于良好状态。所以，没有一个身体健康的人是医生的朋友，因为他的健康状态良好。对吗？"

---

① 预言家或巫师写下预言，用蜡封装起来。

"对。"

"但是病人，我想，会由于他的疾病而是医生的朋友。"

"当然了。"

"嗯，疾病是一种坏的事物，而医药是有益的和好的。"

"是。"

【b】"而身体，作为身体，既不好又不坏。"

"对。"

"由于疾病，身体被迫欢迎和热爱医药。"

"我也这样认为。"

"所以，既不好又不坏的事物变成好事物的朋友，因为某些坏事物的呈现。"

"看起来是这样的。"

"但是很清楚，这是在它与恶者接触变成坏事物之前。因为一旦变坏了，它就不再追求善者或者做善者的朋友。【c】记住，我们说过恶者不可能是善者的朋友。"

"这是不可能的。"

"现在请考虑我下面要说的话。我认为有些事物本身就是它们呈现的那个样子，有些事物则不是。例如，你用各种颜色的染料给某样东西染色，颜色就会呈现在被染的那个东西上。"

"一点儿没错。"

"那么，染过色以后的东西和用来染色的东西，也就是颜料，是同一类东西吗？"

"我不懂你的意思。"他说。

【d】"你这样看，"我说，"如果有人把你的金发抹上白铅，那么你的头发是白色的，还是呈现白色？"

"呈现白色。"他说。

"然而，它确实呈现了白。"

"对。"

"但你的头发毕竟还不是白的。尽管呈现了白，你的头发不是白的，就好像说它不是黑的。"

"对。"

【e】"但是，我的朋友，当老年把这种颜色引入你的头发时，它就变得与它现在呈现的样子相同，由于白的呈现而是白的了。"

"当然了。"

"那么，这就是我要问的问题。如果某事物呈现出一样事物，那么该事物与它在其中呈现的那个事物是相同种类的吗？或者说仅当那个事物以某种方式呈现的时候才是这样？"

"仅当那个事物以某种方式呈现的时候才是这样。"他说。

"那么，不好不坏的事物由于坏事物的呈现，有的时候还没有变坏，而有的时候变坏了。"

"当然。"

"那么好吧，当它不是坏的，但坏已经呈现的时候，这种坏的呈现使它想要好的事物。【218】但是这种使它变坏的呈现又会剥夺它要变好的愿望和对好事物的热爱。因为它已经不再是不好不坏的，而是坏的。而坏东西不能是好东西的朋友。"

"对，不能。"

"由此我们可以推论，那些已经聪明了的不再爱智慧①，无论他们是神还是人。而那些对他们自己是坏的一无所知的人也不会热爱智慧，因为坏人和愚蠢的人不爱智慧。还剩下的就是那些拥有无知这种坏东西的人，但还没有被无知变得无知和愚蠢。他们还明白自己不懂那些不知道的事情。【b】这样一来，结果就是那些既不好又不坏的人热爱智慧，而所有那些坏人不热爱智慧，那些好人也不热爱智慧。因为我们先前的讨论已经弄清，对立者不是对立者的朋友，相同者也不是相同者的朋友。记得吗？"

"当然记得。"他们俩都作了回答。

"所以，吕西斯和美涅克塞努，我们现在已经有了确定的发现，知

---

① 指不再从事哲学，不再哲学化。

道了什么是朋友，对什么可以是朋友。【c】因为我们坚持说，无论是在灵魂中，还是在身体里，还是在任何地方，那些本身既不好又不坏的事物，由于坏的呈现，而成为好事物的朋友。"

他们俩心悦诚服，完全赞同这个结论，而我自己也非常高兴。我有了一种成功猎人的满足感，心里很舒坦，但随后我又不知不觉地有点怀疑起来，这种疑心是从哪里来的，我不知道。也许，我们全都赞同的这个观点根本不是真的。这是多么可怕的想法！"噢，不对！"我大叫起来。"吕西斯和美涅克塞努，我们发现的宝藏只是一场春梦。"

"为什么？"美涅克塞努说。

【d】"我担心已经在论证友谊时栽了跟斗，我们的论证不比骗子的论证强。"

"怎么会呢？"他问道。

"让我们这样看，"我说，"但凡是朋友的人，他是某人的朋友还是不是某人的朋友？"

"他必须是某人的朋友。"他说。

"他这样做根本没有原因和目的，还是有原因和目的？"

"有原因和目的。"

"某样事物是某人交朋友的原因，它是他的朋友，还是既不是他的朋友又不是他的敌人？"

"我不太明白你的意思。"他说。

【e】"这很自然，"我说。"如果我们试着换个方式，你可能就明白了——我想，我自己也可以更好地明白自己说过的话。我们刚才说过，病人是医生的朋友。对吗？"

"对。"

"他成为医生的朋友的原因是疾病，而他的目的是为了健康，对吗？"

"对。"

"疾病是一样坏事情吗？"

"当然是。"

"那么什么是健康？"我问道。"健康是好事情，还是坏事情，还是不好不坏？"

"好事情。"他说。

【219】"我想我们也还说过，身体是一种不好不坏的事物，由于疾病，也就是说，由于一种坏事物，而成为医药的朋友。医药是一种好事物，由于健康这种目的，医药得到了友谊。而健康是一种好事情。这些都对吗？"

"对。"

"健康是朋友，还是不是朋友？"

"是朋友。"

"疾病是敌人吗？"

"肯定是。"

【b】"所以，既不好又不坏的东西是好东西的朋友，由于某种坏东西和敌人的缘故，为的是某种好东西和朋友。"

"似乎如此。"

"所以，朋友之所以是朋友，其目的是为了朋友，其原因是他的敌人。"

"看起来是这样的。"

"那么好吧，"我说，"由于我们已经走了这么远，孩子们，我们一定要十分小心，免得上当受骗。事实上，朋友变成朋友的朋友，与此相似，相同者变成相同者的朋友，我们说这是不可能的——这个问题我就不谈了。但是还有一个要点我们必须考察，【c】这样我们才能如刚才所说，不上当受骗。我们说，医药由于健康的原因而成为朋友。"

"对。"

"那么，健康也是朋友？"

"当然是。"

"然而，如果健康是朋友，那是由于某事物的缘故。"

"对。"

"如果要和我们先前的论证，某事物是朋友，一致起来。"

"确实如此。"

"这样一来，它岂不也是那个作为原因的朋友的朋友了吗？"

"对。"

"我们不是必须放弃这种方式的追问吗？【d】我们必须抵达某个第一原则，它不会把我们再带回另一个朋友，追溯到最先是朋友的某个事物，由于该事物的缘故，我们说其他一切事物也都是朋友，不是吗？"

"我们必须这样做。"

"这就是我下面要谈的，由于该事物的缘故被我们称作朋友的所有其他事物，就像该事物的诸多幻影，有可能欺骗我们，而该事物最先真的是朋友。让我们以这样的方式来思考它。假定某人认定某事物具有很高的价值，好比一位父亲把他的儿子看得高于他的其他全部所有物。这样的人，【e】由于把儿子看得高于一切，也会高度评价其他事物吗？举例来说，如果他得知他的儿子喝了毒芹汁，而酒能解毒，救他儿子的命，那么他也会看重酒吗？"

"嗯，肯定会。"他说。

"也会看重盛酒的器皿吗？"

"当然会。"

"在这种时候，他会对土制的酒杯、三大杯酒、他的儿子等量齐观吗？或者说事情是这样的，花费所有的心思在这些事物上，不是由于其他事情的缘故才提供了这些事物，【220】而是由于其他某个事物的缘故，才提供了其他所有事物，是吗？我不否认，我们经常说金银具有很高的价值。但是，事情不是这样的，这样说不会使我们更加接近真理，而是我们赋予另外某个事物以最高的价值，正是由于该事物的缘故，才提供了金子和其他一切辅助性的东西，无论它是什么。我们可以这样说吗？"

"当然可以。"

"关于朋友我们不是也可以作同样的解释吗？当我们说起所有是我们朋友的那些事物，【b】由于另一个朋友的缘故，它们是我们的朋友，很清楚，这种时候我们只是在使用'朋友'这个词。真正的朋友确实就是那个归总一切所谓友谊的事物。"

"对，确实如此。"他说。

"那么真正的朋友不是为了某个朋友的缘故才是朋友。"

"对。"

"由于某个朋友的缘故而是朋友，这个观点就说到这里。但是，好事物是朋友吗？"

"在我看来好像是的。"

【c】"然而正是由于坏东西，好东西才得到喜爱。你们瞧，这句话如何站得住脚！我们刚才说过有三类事物：好的、坏的、不好不坏的。假定只剩下两类事物，坏的已经消除，不会再影响身体、心灵或其他任何我们说它不好不坏的事物。好的事物对我们有用吗，或者说它已经变得无用？【d】这是因为，若没有任何东西再来伤害我们，我们也就不需要任何帮助。这样一来，事情变得很清楚，正是由于有坏的事物，我们才高度评价好事物，喜爱好事物——就好像好事物是对抗坏事物的良药，而坏事物是疾病，所以，没有疾病就不需要良药。好事物得到我们这些不好不坏的人的喜爱，其原因在于坏事物，而好事物本身，以及由于它自身的缘故，好事物没有任何用处，不是吗？"

"事情好像是这样的。"他说。

【e】"那么，我们的朋友，对于所有那些被我们称作'由于另一个朋友的缘故而是朋友'的其他事物而言是终点的事物，与这些事物没有相同之处。因为它们被称作朋友是由于另一个朋友的缘故，而真正的朋友似乎必须具有与此完全相反的性质。事情很清楚，它是由于某个敌人的缘故而是朋友。敌人消除了，它似乎就不再是朋友了。"

"似乎不是，"他说，"至少按照我们现在说的不是。"

【221】"宙斯在上，"我说，"使我感到奇怪的是，如果坏东西被消除了，是否还可能有饥饿、口渴或同类的欲望。还是说，只要是人和其他动物，就会有饥饿，但这种饥饿不会造成伤害。还有口渴，以及其他所有欲望，但它们都不是坏的，因为坏东西都已经灭绝了。或者说，以后会怎么样，以后不会怎么样，问这种问题是很可笑的？谁知道呢？但我们确实知道这一点：饥饿有可能给饥饿者带来伤害，也可能给饥饿者

带来帮助。对吗?"

"这是肯定的。"

【b】"那么, 口渴或其他诸如此类的欲望有时候能被感到有益, 有时候能被感到有害, 有时候既无益又无害, 这不也是对的吗?"

"绝对是对的。"

"如果坏事物被消除了, 这跟不那么坏的事物也一起被消除有什么关系吗?"

"没有关系。"

"所以那些既不好又不坏的欲望将继续存在, 哪怕那些坏事物被消除了。"

"好像是这样的。"

"有可能热情地期待和热爱某事物, 但对它却没有友好的感觉吗?"

"在我看来好像不可能。"

"所以仍旧会有某些友好的事物, 哪怕坏事物被消除。"

"对。"

【c】"但这是不可能的, 如果坏是某事物朋友的原因, 那么随着坏事物被消除, 该事物还是另外某事物的朋友。原因被消除了, 由此原因而产生的事物不再能够存在。"

"这样说是对的。"

"我们前面不是同意过, 朋友热爱某事物, 它之所以热爱某事物, 乃是由于该事物的缘故吗? 所以我们不认为正是由于坏的缘故, 既不好又不坏的事物才热爱好的事物吗?"

"对。"

【d】"而现在看起来似乎出现了爱与被爱的其他原因。"

"好像是的。"

"那么, 如我们刚才所说, 欲望真能是友谊的原因吗? 所谓欲望就是对欲望的对象表示友好, 凡有欲望时就会表示友好吗? 与此相比, 我们先前有关什么是朋友的谈话全都是闲聊, 就像一首冗长的诗歌吗?"

"这是因为我们有机会漫谈。"他说。

【e】"但是，还有一点，"我说，"事物希望获得它缺乏的东西。对吗?"

"对。"

"缺乏者是它所缺乏的东西的朋友。"

"我想是这样的。"

"变得缺乏就是某些东西从它那里被取走了。"

"为什么不能这样呢?"

"那么事情似乎是这样的，热爱、友谊、欲望所指向的事物属于它本身，吕西斯和美涅克塞努。"

他们俩都表示同意。

"如果你们俩相互之间是朋友，那么你们很自然地以某种方式属于对方。"

"确实如此，"他们一起说道。

【222】"如果一个人期望另一个人，我的孩子们，或者深情地爱他，那么除非他在他的灵魂中，或者在某些性格、习惯中，或者在他的灵魂方面，属于他爱的对象，否则他不会对他爱的人有所期望，或者深情地爱他。"

"当然啦。"美涅克塞努说，但是吕西斯没说话。

"好吧，"我说，"生来属于我们的东西已经把它自身向我们显示，作为我们必须热爱的东西。"

"看来是这样的。"他说。

【b】"那么真正的而非虚假的爱人必定会是他爱慕的对象的朋友。"

吕西斯和美涅克塞努只是点头表示同意，而希波泰勒听了很高兴，脸色一阵红，一阵白。"

想要回顾一下这个论证，我说，"在我看来，吕西斯和美涅克塞努，如果属于和相同有某些区别，那么我们对什么是朋友还有些话可说。如果属于和相同变成一回事，那么就不能轻易地消除我们前面的论证：相同者对相同者来说是无用的，因为它们是相同的。【c】还有，承认无用者是朋友会带来一定的打击。所以，我说，如果你们感到没问题，因为我们有点儿陶醉于讨论之中，那么我们为什么不同意说属于的事物和相同的事物有某些区别呢？”

“当然可以。”

“我们要假设，好的事物属于每个人，而坏的事物是外在的吗？或者假定坏的事物属于坏的事物，好的事物属于好的事物，不好不坏的事物属于不好不坏的事物？”

他们俩说他们喜欢后一种关系。

【d】“噢，我们又转回来了，孩子们，”我说，“我们陷入了与我们最先排除的那个有关友谊的论证相同的境地。因为非正义者对非正义者还是朋友，恶者对恶者还是朋友，就像善者对善者是朋友一样。”

“好像是这样的。”他说。

“那么该怎么办呢？如果我们说好东西和属于我们的东西是相同的，还有其他别的说法能替换善者只对善者是朋友吗？”

“没有。”

“但是，我们在这个要点上已经驳斥过自己。或者说你们不记得了？”

“我们记得。”

【e】“所以我们对我们的论证还能做什么？或者说事情已经很清楚，剩下来没什么要做了？我确实要像法庭上能干的发言人那样问你们，对已经说过的这些事情你们是否都考虑过了。如果既非被爱者又非爱者，既非相同者又非不同者，既非善者又非相属的事物，亦非任何其他我们谈过的事物——噢，我们谈过的事情那么多，我实在记不起来了，但若这些事物都不是朋友，那么我确实没什么要说了。”

【223】说完这些话，我想到要跟一位年纪大些的人说些事情。正在此时，美涅克塞努和吕西斯的看护人鬼使神差般地出现了。他们带着这两位青年的兄弟，喊他们一道回家。确实，此时天色已晚。起初，我们这群人想把他们轰走，但他们根本不在意我们，只是一个劲地用他们的异邦口音喊孩子们回家。【b】我们想，他们可能在赫耳墨斯节上喝醉了酒，样子很难缠，于是我们屈服了，四散而去。不过，就在他们要离去

的时候，我说，"现在我们已经干完了这件事，吕西斯和美涅克塞努，我，一个老头，还有你们，使自己成了傻瓜。在场的这些人会到处去说，我们相互之间是朋友——我把自己算作你们的朋友——但是我们却还未能发现什么是朋友。"

欧绪弗洛篇

提　要

　　本篇属于柏拉图的早期对话，以谈话人欧绪弗洛的名字命名。虚拟的对话时间是苏格拉底受到指控之前，地点在雅典中心市场，法庭的入口处。公元1世纪的塞拉绪罗在编定柏拉图作品篇目时，将本篇列为第一组四联剧的第一篇，并称其性质是"探询性的"，称其主题是"论虔敬"。① 这篇对话篇幅较短，译成中文约1万3千字。

　　苏格拉底说自己受到严重控告，将要上法庭受审。欧绪弗洛说自己打算告发自己的父亲杀人。欧绪弗洛家的一名雇工醉酒后杀死了欧绪弗洛家的一名家奴；欧绪弗洛之父把杀人者捆绑起来扔在沟渠里，然后派人去雅典问祭师该如何处置杀人凶手，在派往雅典的人返回之前，杀人者冻饿而死。欧绪弗洛认为自己的父亲确实杀了人，打算以亵渎的罪名告发父亲。欧绪弗洛的其他亲属认为他父亲没有杀人，只是没有料想到他会冻饿而死，更何况这个被扔在沟里的人本身是个杀人犯，死不足惜。欧绪弗洛想要告发自己的父亲是杀人犯，这样的行为才是亵渎的。

　　欧绪弗洛自认为是宗教方面的专家，懂得什么是虔敬，什么是亵渎。苏格拉底搁下儿子告发父亲到底对不对的问题，把话题引向虔敬的定义和本性。欧绪弗洛坚定地认为自己告发父亲杀人是虔敬的，法律实行公正的原则，无论犯罪的是你的父母，还是其他人，而不告发则是亵渎的。(6b) 应苏格拉底的要求，欧绪弗洛在给虔敬下定义时认为虔敬

---

　　① 参阅第欧根尼·拉尔修：《名哲言行录》3∶58。

就是诸神与凡人之间的相互交易，诸神全都喜爱的就是虔敬的，诸神全都痛恨的就是亵渎的。苏格拉底通过一系列提问，揭露欧绪弗洛陈述中的内在矛盾，指出原有定义需要纠正。（15b）讨论无确定结果，欧绪弗洛匆匆离去。

"亲亲互隐"还是"亲亲互告"，人们观点上的分歧显示了法律与人情的冲突。从法律角度看，正义的原则应当贯穿一切，无亲等之差别，而从伦理角度看，亲亲互告显然违反仁爱原则。二者之间的矛盾该如何化解呢？这就是所谓"欧绪弗洛难题"。学术界至今仍在探讨这一难题。

正　文

谈话人：欧绪弗洛、苏格拉底

欧　【2】苏格拉底，是你呀！出了什么新鲜事，让你离开经常蹓跶的吕克昂①，到这王宫前庭来消磨时间？你肯定不会像我一样，要来见国王②告发某人吧？

苏　这种事，雅典人不叫告发，而叫控告③，欧绪弗洛④。

欧　【b】你在说什么？一定有人控告你了，因为你不像是要告诉我，你告发了别人。

苏　确实没有。

欧　那么是有人控告你了？

苏　确实如此。

---

① 吕克昂（Λύκειον），位于雅典东门外，邻近阿波罗神庙。亚里士多德后来在此建立学园。

② 雅典在王政期间由国王统治，国王的住处是为王官。废除国王以后，雅典由选举产生的九名执政官（ἄρχων）统治，原王官成为执政官办公之处。此处将首席执政官也称为"王"（βασιλεύς），但他实际上并非国王。英译者将之译为"king-archon"。

③ 告发（δίκη）是一般民事诉讼，控告（γραφή）是重大案件。

④ 欧绪弗洛（Εὐθύφρων），本篇谈话人。

欧 他是谁？

苏 我真的不太了解他，欧绪弗洛。他显然相当年轻，没什么名气。我想他们叫他美勒托。他是皮索区的人，也许你认识这个区的名叫美勒托的人，长头发，胡须不多，长着鹰钩鼻。

欧 我不认识他，苏格拉底。他控告你什么？

苏 【c】告我什么？这件事并非微不足道，我想，像他这样的年轻人对如此重要的问题懂得那么多，实在是非同小可。他说，他知道我们的青年如何被腐蚀，知道谁在腐蚀青年。他很像是个聪明人，看到我由于无知而去腐蚀他的同龄人，【d】于是就像城邦起诉我，就像孩子向母亲哭诉。在我看来，他是唯一以正当方式开始从政的人，因为关心青年、尽可能使他们学好，确实就是政治家的要务，就像一位好农夫首先关心秧苗，然后关心其他庄稼。【3】所以，美勒托也是这样做的，首先清除我们这些摧残柔嫩秧苗的人，然后如他所说，他显然就会关心那些比较成熟的庄稼，给城邦带来巨大的福利，成为城邦幸福的源泉，对这位已经在这条正道上出发的人，他获得成功的可能性可以看好。

欧 但愿如此，苏格拉底，不过我担心事情会适得其反。在我看来，他一旦开始伤害你，就是在损坏国家的命脉。告诉我，他说你腐蚀青年是怎么说的？

苏 【b】听他说起来真是稀奇古怪，他说我是一位造神者，因为我创造了新的神，而不相信原有的神，由于这个缘故他要控告我，这是他说的。

欧 我明白了，苏格拉底。那是因为你说有神灵不时地告诫你。①所以，他写状纸控告你，因为他把你当作一位在宗教事务上标新立异的人，他上法庭诬告你，因为他知道这类事情很容易误导大众。【c】我的案子也一样。我在公民大会②上谈论宗教事务，预言未来，他们就嘲笑我，说我疯了，然而我的预言从来没有落空。无论如何，他们妒忌所有

---

① 参阅《申辩篇》31d。

② 公民大会（ἐκκλησία）。

像我们这样做这种事的人。不必担心他们，还是去见他们吧。

　　苏　亲爱的欧绪弗洛，如果只是受到嘲笑，那倒没什么关系，因为雅典人并不在意他们认为能干的人，只要这个人不把他的智慧教给别人；但若他们认为这个人使别人变得像他了，他们就会生气，【d】无论是像你所说的出于妒忌，还是由于其他原因。

　　欧　这种事情，我肯定不想考察他们对我的感觉。

　　苏　也许你给他们留下的印象是没有什么可利用的，不愿教你自己的智慧；而我就不一样了，我担心他们会认为我想把自己不得不说的事情告诉任何人，不仅不收费，而且乐意奖赏任何愿意听我讲话的人。【e】如果他们想要嘲笑我，如你所说他们嘲笑你一样，那么看到他们在法庭上耗费时间嘲笑人和开玩笑，我不会有什么不高兴的；但若他们变得严肃起来，那么最后的结果无法预见，只有你这样的预言家能够知道。

　　欧　也许不会有什么结果，苏格拉底，你去尽力打好你的官司，我也会尽力打好我的官司。

　　苏　你打什么官司，欧绪弗洛？你是被告，还是原告？

　　欧　原告。

　　苏　你要告发谁？

　　欧　【4】我要告①的这个人会使别人以为我疯了。

　　苏　你在追的这个人能轻易逃脱你的追踪吗？

　　欧　决非如此，他已经老态龙钟了。

　　苏　他到底是谁？

　　欧　我的父亲。

　　苏　老兄！你要告你自己的父亲？

　　欧　没错。

　　苏　你告他什么？他犯了什么案？

　　欧　谋杀，苏格拉底。

────────

① 告（διώκω），这个希腊词的法律含义是告发，起诉，它的另一个意思是"追赶"，所以下文苏格拉底说"你在追"。

苏　天哪！欧绪弗洛，大多数人肯定不知道是否能做这种事，也不知道这样做是否正确。【b】能做这种事的极少，只有那些拥有极高智慧的人才能这样做。

欧　对，我向宙斯起誓，苏格拉底，是这样的。

苏　那么你父亲杀的那个人是你的亲戚吧？否则很清楚，你不会为一个非亲非故的人死了而去告发你的父亲。

欧　真可笑，苏格拉底，因为你认为被害者是陌生人还是亲戚会有区别。我们只需注意杀人者的行为是否正当；如果他的行为是正当的，那么就放过他，【c】如果不正当，那么就告发他，也就是说，无论杀人者与你是否共用一个炉台或一张饭桌。如果知道这样的人犯了谋杀罪而继续与他为伴，不用把凶手送上法庭的方法来洗脱自己和洗涤他的罪过，那么你们的罪过相同。这个案子中的死者是我家的一名雇工，我们在那克索斯①开垦时雇他在农场里干活。他醉酒发怒，杀了我们的一名家奴，所以我父亲把他的手脚都捆绑起来，扔进沟渠，【d】然后派人回这里来，②问祭司该如何处置。那个时候我父亲没有多想，也没太在意那个被捆绑起来的人，因为他是个杀人凶手，哪怕死了也没有什么大不了的。饥寒交迫，手足被缚，使他在那派去问讯的人回来之前就一命呜呼。我告发我父亲杀人，但我父亲和其他亲属对我怀恨在心，他们说我父亲没有杀那个人，被杀的那个人自己是个杀人犯，对这样的人不需要多加考虑，因为他是个杀人犯。【e】他们说，儿子告发父亲杀人是不孝③的。但是神对虔敬和不虔敬是什么态度，他们的看法是错的，苏格拉底。

苏　可是，宙斯在上，欧绪弗洛，你认为自己有关神的知识如此精

①　那克索斯（Νάξος）是爱琴海基克拉迪群岛中的一个岛屿。雅典城邦地域狭小，不足以提供足够的粮食。城邦定期组织海外殖民团体外出垦荒，或建立新城邦。新城邦建立后仍与母邦保持关系，其公民仍为雅典公民。

②　回雅典。

③　希腊文 ὅσιος，在人际关系方面译为孝、孝顺、孝敬，涉及人神关系，译为虔敬或虔诚。希腊文 ἀνόσιος 译为不孝或不虔敬，亦即亵渎。

确，懂得什么是虔敬，什么是亵渎，因此在你讲的这种事情发生的时候，你并不害怕把你的父亲送上法庭而背上不孝之名？

欧 苏格拉底，如果我并不拥有这方面的精确知识，【5】那我欧绪弗洛也就一无是处，与他人无异了。

苏 尊敬的欧绪弗洛，我应当现在就成为你的学生，这件事至关重要，这样的话，我在我的案子中就能挑战美勒托，我可以对他说，我过去就认为有关神的知识是最重要的，而他说我有罪，说我创造和发明新的神灵，【b】而现在我已经成了你的学生。我会对他说："美勒托，如果你同意欧绪弗洛在这些事情上是聪明的，那么请你考虑一下我，我也拥有正确的信仰，别把我送上法庭。如果你不这样认为，那么请你控告我的老师，而不是控告我，他腐蚀老人，腐蚀我和他自己的父亲，对我进行教导，对他的父亲进行矫正和惩罚。"如果他不相信，不肯放弃对我的控告，也不将控告转向你，那么我在法庭上会重复同样的挑战。

欧 对，宙斯在上，苏格拉底，如果他把我告上法庭，那么我想我会很快找到他的弱点，【c】法庭上的谈话很快就会集中在他身上，而不是在我身上。

苏 我亲爱的朋友，正因为我知道会这样，所以我渴望成为你的学生。我知道其他人，以及这位美勒托，都好像忽视你了，而他把我看得一清二楚，乃至于要控告我亵渎。所以，宙斯在上，把你刚才自认为清楚明白的事情告诉我：【d】你说的虔敬和亵渎是什么，既和谋杀相关，又和其他事情相关？虔敬在各种行为中都相同，而亵渎总是一切虔敬的事物的对立面，亵渎的事物就其是亵渎的而言，总是以某种"型"① 或形象呈现于我们吗？

欧 确实如此，苏格拉底。

苏 那么告诉我，你说什么是虔敬，什么是亵渎？

欧 我说，所谓虔敬就是做我现在正在做的事，告发罪犯，无论是杀人，盗窃神庙，还是其他，【e】无论罪犯是你的父母，还是其他人，

---

① 型（ιδέα），柏拉图哲学的基本概念，参阅 Phd.103e。

不告发他们就是亵渎。苏格拉底，请注意我能引用强大的证明，这就是法律。我已经对其他人说过，不能偏袒那些亵渎的人，无论他是谁，这样的行为是正确的。这些人相信宙斯是诸神中最优秀、最公正的，【6】但也同意说宙斯捆绑他自己的父亲①，因为他父亲不公正地吞食了他的其他儿子，而出于同样的原因，他父亲也曾阉割他自己的父亲②。但是这些人现在却对我发火，因为我告发了我父亲的罪恶。他们自相矛盾，对诸神是一种说法，对我又是另一种说法。

苏 欧绪弗洛，这确实也就是我成为被告的原因，因为我发现很难接受人们对诸神的看法，这也很有可能是他们说我犯了错的原因。【b】不过，如果现在你对这些事情有充分的知识，也分享他们的意见，那么我们似乎必须赞同他们的看法。因为，除了承认我们自己没有他们那样的知识，我们还有什么话可说？凭着友谊之神③起誓，请你告诉我，你确实相信这些事情是真的吗？

欧 是的，苏格拉底，甚至还有更加令人惊讶的事情，大多数人对这些事情没有知识。

苏 你相信诸神之间确实有战争、【c】仇杀、殴斗，以及诗人讲述的其他事情，或者相信优秀作家撰写的其他神话故事，送往卫城供奉的女神长袍上就绣着这些事情，是吗？欧绪弗洛，我们要说这些事情都是真的吗？

欧 不仅这些事情是真的，苏格拉底，而且我刚才说过，如果你想听，我可以把我知道的许多与诸神有关的事情告诉你，你听了以后肯定会惊叹不已。

苏 我不会感到惊讶，等我们有空的时候，你可以把这些事情讲给我听。现在，你还是比较清楚地回答我刚才提出的问题，我的朋友，

---

① 宙斯的父亲是天神克洛诺斯（Κρόνος），担心子女推翻他的统治，吞食宙斯的兄长和姐姐。

② 克洛诺斯的父亲是天神乌拉诺斯（Οὐρανός），被克洛诺斯阉割。

③ 友谊之神（Φιλίου），指雅典娜（Ἀθηνᾶ）。

【d】 我的问题是什么是虔敬，而你对我的开导不恰当，你告诉我你现在正在告发你的父亲犯了杀人罪，你这样做是虔敬的。

欧 我说的是真话，苏格拉底。

苏 也许。不过，你同意其他还有许多虔敬的行为。

欧 有。

苏 那么，请记住，我没有要求你从许多虔敬的行为中举出一样或者两样来告诉我，而是要你告诉我，那个使一切虔敬的行为成为虔敬的"型"本身是什么，因为你同意一切亵渎的行为之所以是亵渎的，【e】一切虔敬的行为之所以是虔敬的，都是通过某个型，你不记得了吗？

欧 我记得。

苏 那么告诉我，这个型本身是什么，让我能够看见它，拿它来做榜样，说你的或其他人的某个行为是虔敬的，如果某个行为不是虔敬的，我就说它是亵渎的。

欧 如果这就是你想要的，苏格拉底，那就让我来告诉你。

苏 这就是我想要的。

欧 【7】 那么好吧，凡是诸神喜爱的就是虔敬的，凡是诸神不喜爱的就是亵渎的。

苏 好极了，欧绪弗洛！你已经按我想要的方式作了回答。我不知道它是否正确，但你显然将会证明你所说的是真的。

欧 当然。

苏 那么来吧，让我们考察一下我们这么说的意思。诸神喜欢的行为或人是虔敬的，诸神痛恨的行为或人是亵渎的。虔敬和亵渎不是一回事，而是相当对立的。不是这样吗？

欧 确实是这样。

苏 这似乎是一个很好的说法。

欧 【b】 是的，苏格拉底。

苏 我们还说过，诸神处于不和的状态之中，相互争斗，欧绪弗洛，他们相互为敌。我们也说过这样的话吗？

欧 说过。

苏　什么样的分歧会引起仇恨与愤怒？让我们按这样一种方式来考虑。如果你我对两个数字中哪一个较大有不同看法，这样的分歧会使我们成为仇敌，产生愤怒吗？【c】难道我们不应该通过计算来迅速达成一致意见吗？

欧　我们肯定应该这样做。

苏　还有，如果我们对长短问题有分歧，难道我们不会量一下，迅速地结束争执吗？

欧　我们会这样做。

苏　关于轻重问题的分歧，我们会通过称一下重量来解决。

欧　当然。

苏　那么，如果我们不能达成一致，什么样的分歧使我们生气和相互敌视？对这个问题你也许没有现成的答案，【d】但我们可以考察一下，由我来告诉你这些事情是正确的还是错误的，是美的还是丑的，是好的还是坏的。当我们不能得出满意的结论，使你我以及其他人产生分歧、莫衷一是、相互交恶的，不正是这些事情吗？

欧　对，苏格拉底，就是在这些事情上我们产生分歧。

苏　那么诸神的情况如何，欧绪弗洛？如果他们确实有意见分歧，那么也一定是在这些问题上，对吗？

欧　必定如此。

苏　【e】那么按照你的论证，我亲爱的欧绪弗洛，不同的神把不同的事物视为正确的，美的，丑的，好的，坏的，除非它们对这些事情的看法有分歧，否则就不会闹别扭，对吗？

欧　你说的对。

苏　它们喜欢的是它们各自认为美的，好的，正确的事物，仇恨的是与这些事物对立的事物，对吗？

欧　确实如此。

苏　但你说过，同样的事情，某些神认为是正确的，某些神认为是错误的，诸神因此发生争执而不和，【8】相互之间发生战争。不是吗？

欧　是的。

苏　如此看来，同样的事物既被神所喜爱，又被神所仇恨，既是神喜爱的，又是神仇恨的。

欧　似乎如此。

苏　按照这种论证，同样的事物可以既是虔敬的又是亵渎的吗？

欧　也许是吧。

苏　所以，你没有回答我的问题，你这个怪人。我的问题不是何种同样的事物既被神所喜爱，又被神所仇恨，【b】既是神喜爱的，又是神仇恨的。所以，一点儿也不奇怪，如果你提出某个行为，亦即惩罚你父亲，可以讨得宙斯的欢心，但会遭到克洛诺斯和乌拉诺斯的痛恨，可以讨得赫淮斯托斯①的欢心，但会遭到赫拉②的厌恶，其他神灵若对这件事情有不同的看法，也会带来这样的结果。

欧　我认为，苏格拉底，无论谁不公正地杀了人就应当受到惩罚，在这一点上诸神的看法是一致的。

苏　【c】好吧，欧绪弗洛，你听说有谁认为不公正地杀了人或做了其他事不应受到惩罚？

欧　他们从未停止争论这件事情，在别的地方或在法庭上，因为他们犯下许多过失，所以为了逃避惩罚，任何事情他们都会做，任何话他们都会说。

苏　他们同意说自己做错事了吗，欧绪弗洛，尽管同意，他们仍然说自己不应当受惩罚吗？

欧　不，在这一点上他们不同意。

苏　所以他们没有公正地说话，没有公正地做事。因为他们不敢这么说，或者不敢争辩做了错事也不必受到惩罚，【d】我认为他们会否认做错了。不是吗？

欧　是的。

苏　所以他们不争论犯下过失的人必须受惩罚，但他们在谁犯下过

---

① 赫淮斯托斯（Ἥφαιστος），希腊火神、锻冶之神，宙斯与赫拉之子。
② 赫拉（Ἥραν），女神，宙斯之妻。

失、他做了什么、什么时候做的这些事情上会有不同意见。

　　欧　你说的对。

　　苏　诸神不也有相同的经历，如果它们确实在公正和不公正的问题上看法不一，如你的论证所认为的那样？有些人断言它们相互伤害，而有些人否定，【e】但是诸神或凡人中没有一个敢说犯了过失不必受惩罚。

　　欧　是的，苏格拉底，你说的要点是对的。

　　苏　如果诸神确实也会有不同意见，那么那些不同意的，无论是凡人还是诸神，会就每一行为进行争论。有的说这样做是公正的，有的说这样做是不公正的。难道不是这样吗？

　　欧　是的，确实如此。

　　苏　【9】来吧，我亲爱的欧绪弗洛，开导我，让我也变得聪明些。你有何证据表明诸神全都认为那个人被杀是不公正的，他在你家做工，杀了人，被主人捆绑起来，在捆他的那个人从祭司那里知道该如何处置他之前，因被捆绑而死，做儿子的代表这样一个人指责和告发他的父亲。【b】来吧，请你试着清楚地告诉我，诸神必定全都认为这种行为是正确的。如果你能给我恰当的证明，我一定会对你的智慧赞不绝口。

　　欧　这个任务可不轻，苏格拉底，尽管我能够清楚地告诉你。

　　苏　我知道你认为我比法官蠢，因为你显然已经向他们证明这些行为是不公正的，诸神全都痛恨这样的行为。

　　欧　只要他们愿意听我说，苏格拉底，我会清楚地说给他们听。

　　苏　【c】如果他们认为你说得好，他们当然愿意听。但你刚才在说话、而我在思考的时候，我突然冒出一个念头，我对自己说："假如欧绪弗洛决定性地向我证明，诸神全都认为这样的死亡是不公正的，那么在什么更大的范围内，我向他学到了虔敬和亵渎的性质？这一行为似乎被诸神痛恨，但虔敬和亵渎并没有因此而被定义，因为被诸神痛恨的事情也可以被诸神喜爱。"所以我不会坚持这一点，如果你愿意，【d】让我们假定，诸神全都会认为这个行为是不公正的，它们全都痛恨这种行为。然而，这不就是我们在讨论中作出的纠正吗？说诸神全都痛恨的就是亵渎的，诸神全都喜爱的就是虔敬的，有些神喜爱有些神痛恨的既不是虔敬的又不是亵渎的，或者既是虔敬的又是亵渎的？这不就是你现在希望我们定义虔敬和亵渎的方法吗？

欧　有什么能阻碍我们这样做，苏格拉底？

苏　我这一方看来没有，欧绪弗洛，但你这一方要看一下这个建议能否使你轻易地把你许诺过的事情教我。

欧　【e】我会非常肯定地说，虔敬就是诸神全都热爱的，与此相反，诸神全都痛恨的就是亵渎。

苏　让我们再考察一下这个陈述是否健全，或者说我们得放弃它，不能因为只是我们中的某个人或其他人说了某件事情是这样的，我们就接受说这件事情是这样的？或者，我们应当考察一下说话人是什么意思？

欧　我们必须考察，但我确实认为这是一个很好的陈述。

苏　【10】我们很快就会更好地知道这个陈述怎么样了。请考虑，虔敬的事物被诸神喜爱，因为它是虔敬的，还是它是虔敬的，因为它是诸神喜爱的事物？

欧　我不明白你的意思，苏格拉底。

苏　我试着说得更加清楚一些：我们说被携带的和正在携带的，被引导的和正在引导的、被看的和正在看的，你明白它们相互之间都有区别，区别在哪里吗？

欧　我认为我是明白的。

苏　同理，被爱的是某个事物，正在爱的是另一个不同的事物。

欧　当然。

苏　【b】那么告诉我，被携带的事物之所以是一个被携带的事物，乃是由于它被携带，还是有别的什么原因？

欧　不，就是这个原因。

苏　被引导的事物之所以如此，由于它被引导，被看见的事物之所以如此，由于它被看见，对吗？

欧　确实如此。

苏　被看见的不是因为它是一个被看见的事物，而是正好相反，它是一个被看见的事物，由于它正在被看；被引导的也不是因为它是一个被引导的事物，而是由于它正在被引导，所以它是一个被引导的事物；被携带的不是因为它是一个被携带的事物，而是由于它正在被携带，【c】所以它是一个被携带的事物。我想说的是清楚的，是吗，欧绪弗洛？我想说的是，如果有任何事物正在被改变，或以任何方式受影响，不是因为它是一个正在被改变的事物而正在被改变，而是由于它正在被改变而是一个被改变的事物。或者说你不同意？

欧　我同意。

苏　被爱的事物既是被改变的事物又是受某事物影响的事物吗？

欧　确实如此。

苏　那么它和刚才提到的例子情况是一样的；被爱的事物不是因为它是一个被爱的事物而被爱，而是它是被爱的事物，由于它被其他事物所爱。

欧　必定如此。

苏　【d】那么关于虔敬我们该怎么说，欧绪弗洛？按照你的说法，虔敬的事物当然受到所有神的喜爱，是吗？

欧　是的。

苏　虔敬的东西被喜爱，因为它是虔敬的，还是由于别的什么原因？

欧　没有别的原因了。

苏　如此说来，它被喜爱，由于它是虔敬的，而不是它是虔敬的，由于它被喜爱？

欧　显然如此。

苏　然而，它是被喜爱的和诸神所喜爱的，由于它被诸神所爱，是吗？

欧　当然。

苏　那么，诸神喜爱的东西与虔敬的东西不是一回事，欧绪弗洛，虔敬的东西与诸神喜爱的东西也不一样，而你说是一样的，它们是两种不同的事物。

欧　【e】怎么会这样呢，苏格拉底？

苏　因为我们同意虔敬的事物被喜爱是由于这个原因，由于它是虔敬的，而不是由于它得到喜爱才是虔敬的。难道不是这样吗？

欧　是的。

苏　另一方面，神喜爱的事物之所以如此乃是因为它被诸神所喜爱，是由于它被爱这个事实，而非它被爱是由于它是神喜爱的。

欧　对。

苏　但若被神喜爱的事物和虔敬的事物是一样的，我亲爱的欧绪弗洛，那么虔敬的事物被喜爱是由于它是虔敬的，【11】神喜爱的事物被喜爱也是由于它是神喜爱的；但若神喜爱的事物是神喜爱的，由于它被诸神所喜爱，那么虔敬的事物之所以是虔敬的也是由于诸神喜爱它。但你现在看到，它们在相反的情况下完全不同：一种情况是，被喜爱的事物之所以是被喜爱的事物，乃是由于它是被喜爱的；另一种情况是，被喜爱的事物之所以如此，乃是由于它正在被爱。我想，欧绪弗洛，当你问什么是虔敬的时候，你似乎并不希望清楚地把它的本性告诉我，而是告诉我它的一种影响或属性，【b】虔敬的事物具有被诸神全都喜爱的属性，但你没有告诉我什么是虔敬。现在，要是你愿意，别对我隐瞒了，从头开始，告诉我什么是虔敬，无论它是诸神喜爱的，还是有其他属性——我们不必为此争吵——请你热心地告诉我，什么是虔敬，什么是亵渎。

欧　但是，苏格拉底，我现在根本不知道如何把我的想法告诉你，我们提出来的任何命题都好像是在打转，不肯固定下来。

苏　你的陈述，欧绪弗洛，似乎属于我的祖先代达罗斯①。【c】如果这些陈述是我说的，是我提出来的，你也许会开我的玩笑，说和我这个代达罗斯的后代在一起，讨论中得出的结论也会逃跑，不肯待在安放

------

① 代达罗斯（Δαιδάλος），希腊传说中的建筑师和雕刻家，据说他雕刻的石像会走路，眼睛会动。苏格拉底打趣称自己是代达罗斯的后代，因为苏格拉底的父亲是石匠和雕刻匠，苏格拉底年轻时也当过雕刻匠。

它的地方。然而，由于这些论断是你的，所以我们得笑话你，如你本人所说，它们不肯待在你安放它们的地方。

欧 我认为这个玩笑适用于我们的讨论，苏格拉底，因为使这些结论打转、不肯待在同一个地方的不是我；【d】在我看来你就是代达罗斯，而由我提出来的论断是确定不移的。

苏 看起来我使用我的技艺比代达罗斯更在行，我的朋友，他只能把他本人的作品造成能移动的，而我不仅能使其他人移动，而且能使自己移动。我的技艺中最厉害的部分就是我是能干的，但并不想成为能干的，因为我宁可让你的陈述在我这里保持不动，【e】胜过拥有坦塔罗斯①的财富以及代达罗斯的技艺。不过，这一点已经讲够了。因为我认为你在制造不必要的麻烦，我和你一样，渴望找到一种可以教导我什么是虔敬的方式，在你这样做之前千万别放弃。想想看，你是否认为凡是虔敬的必然是公正的。

欧 我想是这样的。

苏 那么，凡是公正的也一定是虔敬的吗？或者说，凡是虔敬的都是公正的，【12】但是并非所有公正的都是虔敬的，而是有些是，有些不是？

欧 我跟不上你的话，苏格拉底。

苏 然而你比我年轻，就如你比我聪明。如我所说，你正在制造麻烦，由于你的智慧的财富。集中精力，老兄，我所说的不难把握。我所说的正好与诗人②所说的相反："你不希望说出宙斯的名字，是他做的，【b】他使一切事物生长，凡有恐惧之处也有羞耻。"我不同意诗人的看法。要我告诉你为什么吗？

欧 请说。

苏 我不认为"凡有恐惧之处也有羞耻"，因为在我看来有许多人

---

① 坦塔罗斯（Ταντάλος），希腊传说中的吕底亚国王，十分富有。
② 指斯塔昔努（Στασίνος），希腊诗人，撰有长诗《塞浦路斯人》（Κύπρια），已佚失。

恐惧疾病、贫穷，等等可怕的东西，但并不为他们恐惧的东西羞耻。你不这样认为吗？

　　欧　我确实这样想。

　　苏　然而，有羞耻之处也有恐惧。【c】有人对某样事物感到羞耻和窘迫，不也会同时感到恐惧和害怕恶名吗？

　　欧　他肯定会害怕。

　　苏　所以说"凡有恐惧之处也有羞耻"是不对的，而是有羞耻之处也会有恐惧，因为恐惧包括的范围比羞耻广。羞耻是恐惧的一部分，就像奇数是数的一部分，结果会是，有数的地方也会有奇数，这样说是不对的，而应当说有奇数的地方也有数。你现在跟得上我了吗？

　　欧　当然。

　　苏　这就是我前面问的这种事情，【d】凡有虔敬之处也有公正，然而有公正之处并非总是有虔敬，因为虔敬是公正的一部分。我们是否要这样说，或者你有其他想法？

　　欧　没有，我的想法与之相似，因为你说的好像是对的。

　　苏　现在来看下面的事情：如果虔敬是公正的一部分，那么我们似乎必须找到它是公正的哪个部分。现在假定你问我们刚才提到的事情，比如数的哪个部分是偶数，偶数是什么数，那么我会说，偶数是能被二分成两个相同部分的数，不是能被三分成两个不同部分的数。或者，你不这么认为？

　　欧　我是这样想的。

　　苏　【e】以这种方式试着告诉我，虔敬是公正的什么部分，这样我们就能告诉美勒托，不要再伤害我们，不要控告我亵渎，因为我已经向你充分学习了什么是信神的，什么是虔敬，什么不是信神的，什么不是虔敬。

　　欧　我认为，苏格拉底，信神的和虔敬的是公正的一部分，与侍奉诸神有关，而与侍奉人有关的是公正的其他部分。

　　苏　在我看来你说得很好，但我仍旧需要一点儿知识。【13】我不懂你说的侍奉是什么意思，因为你说的诸神的侍奉和其他事物的侍奉不是一个意思，比如，我们说，并非每个人都知道怎样侍奉马匹，知道怎样侍奉马匹的是养马人。

欧 对，我是这么看的。

苏 所以养马是马的侍奉。

欧 是。

苏 同理，并非每个人都知道怎样侍奉猎犬，知道怎样侍奉猎犬的是猎人。

欧 是这样的。

苏 【b】所以狩猎是猎犬的侍奉。

欧 是。

苏 养牛是牛的侍奉。

欧 是这样的。

苏 而虔敬和信神是诸神的侍奉，欧绪弗洛。你是这个意思吗？

欧 是的。

苏 现在，侍奉在各种情况下都有相同的效果，其目的都是为了侍奉的对象好处和福利，如你所看到的，马在养马人的侍奉下得到好处，变得更好。或者说，你不这样认为？

欧 我这样认为。

苏 所以，养狗使狗得到好处，养牛使牛得到好处，【c】其他事物莫不如此。除非你认为侍奉的目的在于伤害侍奉的对象，是吗？

欧 宙斯在上，我绝对不这样想。

苏 侍奉的目的是为了有益于侍奉的对象吗？

欧 当然。

苏 那么，虔敬作为对诸神的侍奉，其目的也是为了使诸神得益，使它们变好吗？你同意，当你做一件虔敬的事情时，你使某位神变好，是吗？

欧 宙斯在上，我不同意。

苏 我也不认为这是你的意思，远非如此，【d】但这是我刚才问你诸神的侍奉是什么意思的原因，因为我不相信你指的是这种侍奉。

欧　相当正确，苏格拉底。我指的不是这种侍奉。

苏　很好，那么虔敬是对诸神什么样的侍奉呢？

欧　这种侍奉，苏格拉底，就像奴仆对他们的主人。

苏　我明白了。它像是一种对诸神的服侍。

欧　正是这样。

苏　你能告诉我医生进行服侍想要实现什么目标吗？你不认为这个目标是获得健康吗？

欧　我是这样想的。

苏　【e】造船工的服侍怎么样？它想要实现什么目标？

欧　这很清楚，苏格拉底，造船。

苏　建筑师的服侍是造房子吗？

欧　是的。

苏　那么告诉我，老兄，对诸神的服侍想要实现什么目标？你显然知道，因为你说自己在所有人中拥有关于神的最好的知识。

欧　我说的是真话，苏格拉底。

苏　那么告诉我，宙斯在上，诸神使用我们，把我们当作它们的奴仆，为的是实现什么卓越的目标？

欧　许多好东西，苏格拉底。

苏　【14】将军们也一样，我的朋友。不管怎么说，你能轻易地告诉我他们主要的关心，这就是在战争中取胜，不是吗？

欧　当然是。

苏　我认为，农夫也获得许多好东西，但他们努力的要点是从土地中生产粮食。

欧　确实如此。

苏　那么好，你会如何总结诸神获得的许多好东西呢？

欧　刚才我对你说过，苏格拉底，要获得关于这些事情的准确知识是一项繁重的任务，【b】但是简要说来，就是在祈祷和献祭中知道怎么说和怎么做能让诸神喜欢，这些都是虔敬的行为，可以保全私人的住宅和城邦的公共事务。与这些令诸神喜悦的行为相反的行为是亵渎的，会颠覆和摧毁一切。

苏　如果你愿意，你能更加简洁地回答我的问题，【c】欧绪弗洛，但你并不热心开导我，这一点很清楚。你刚要说到节骨眼上，又偏离了正题。如果你提供了回答，那么我现在就已经从你这里获得了有关虔敬本性的充足知识。没办法，爱好询问的人必须跟随他爱的东西，无论询问会把他引向何处。再问你一次，什么是虔诚，什么是虔敬？它们是关于献祭和祈祷的知识吗？

欧　它们是。

苏　献祭就是给诸神送礼，祈祷就是向诸神乞讨吗？

欧　一点都不错，苏格拉底。

苏　【d】从这个陈述可以推论，虔敬是一种如何给诸神送礼和向诸神乞讨的知识。

欧　你很好地理解了我说的意思，苏格拉底。

苏　这是因为我非常想要得到你的智慧，我用心听讲，不会错过你讲的每一个词。但是告诉我，什么是对诸神的服侍？你说就是向它们乞讨和给予它们礼物吗？

欧　我是这样说的。

苏　正确的乞讨就是向它们索取我们需要的东西吗？

欧　还能是什么？

苏　【e】正确的给予就是它们需要的东西由我们来给它们，给有需要的人送礼谈不上什么技艺娴熟。

欧　对，苏格拉底。

苏　那么虔敬就是一种诸神与凡人之间交易的技艺，是吗。

欧　交易，是的，如果你喜欢这样叫它。

苏　如果它不是这样，我不会喜欢这样叫它。但是告诉我，诸神从我们奉献的礼物中能得到什么好处？它们给了我们什么是所有人都清楚的。【15】我们的好东西没有一样不是从它们那里得来的，但是它们从我们这里得到的东西如何使它们得到益处？或者，我们在这种交易中是否占了它们的便宜，我们从它们那里得到了所有好东西，而它们从我们这里一无所获?

欧 苏格拉底,你假定诸神通过从我们这里得到的东西来获益吗?

苏 从我们这里得到的礼物对诸神来说还能是什么,欧绪弗洛?

欧 除了荣耀、敬仰,还有我刚才说的讨好它们,你认为还能是什么?

苏 【b】那么,欧绪弗洛,虔敬就是讨好诸神,而不是对它们有益或亲近,是吗?

欧 我认为虔敬是一切事物中对它们最亲近的。

苏 所以,虔敬再次成为对诸神亲近的东西。

欧 确实如此。

苏 你说这话的时候感到惊讶了吗,因为你的论证似乎在移动,不能固定在你安放它们的地方?你还会指责我是能造出事物来移动的代达罗斯吗,尽管你本人比代达罗斯更在行,造出事物来转圈圈?【c】难道你不明白,我们的论证游移不定,转了一大圈又回到原来的地方?你肯定记得我们在前面发现虔敬和被神喜爱不是一回事,而是有差异。或者说,你不记得了?

欧 我记得。

苏 那么你没有意识到你正在说对诸神亲近的就是虔敬的,是吗?对神亲近与被神喜爱是相同的吗?或者说是不同的?

欧 确实如此。

苏 要么我们在赞同前面的看法时错了,要么,如果我们前面是对的,那么我们现在错了。

欧 似乎如此。

苏 所以我们必须再次从头开始,考察什么是虔敬。在我学会之前,我决不放弃。别认为我一钱不值,【d】集中精力,把真相告诉我。世上若有人知道这个真相,那就是你,我一定不能放你走,就像普洛托斯[1],直到你说出来为止。如果你对虔敬和亵渎没有真知灼见,你就不

---

[1]　普洛托斯 (Πρωτεύς),变幻无常的海神,参阅荷马:《奥德赛》,IV.382 以下。

会代表一名奴仆，冒险告发你的老父亲杀人。你会感到恐惧，担心自己
要是不能公正地行事会引起诸神的愤怒，在凡人面前你也会感到羞耻，
【e】但是现在我知道了，你相信自己拥有关于虔敬和亵渎的清楚的知识。
所以，告诉我，我的大好人欧绪弗洛，别再对我隐瞒你的想法。

欧　另外再找时间吧，苏格拉底，我有急事，现在就得走。

苏　这是在干什么，我的朋友？你扔下我不管，【16】让我巨大的
希望落空，我原来想要向你学习虔敬和亵渎的本性，以逃脱美勒托的控
告，我可以对他说，我已经从欧绪弗洛那里获得有关神圣事物的智慧，
我的无知不会再使我轻率地、别出心裁地对待这些事情，这样的话，我
的余生就会过得好些了。

索　引

A

Abaris: Ἀβάρις 阿巴里斯 Chrm.158b

Academy: Ἀκαδημία 阿卡德谟 Ly. 203a

acropolis of Athens:ἀκρό-πολις 卫　城（雅典的） Euthphr.6b

Aeneas:Αἰνέας 埃涅阿斯 Lch.191a+

Aexone:Αἰνέας 埃克松尼（地名） Lch. 197c; Ly.204e

Agathocles:Ἀγαθοκλῆς 阿伽索克莱 Lch.180d

Anacreon:Ἀνακρέον 阿那克瑞翁 Chrm. 158a

archon (s):ἄρχων 执政官 Euthphr.2

Aristides, the elder:Ἀριστείδης 老阿里斯底德 Lch.179a+

Aristides, the younger:Ἀριστείδης 小阿里斯底德 Lch.179a

art (s):τέχνη 技艺 Euthphr.6c

Asia:Ἀσιάς 亚细亚（地名） Chrm.158a; Ly.209d

Assembly: ἐκκλησία 公民大会 Euthphr. 3c

Athena:Ἀθηνᾶ 雅典娜 Euthphr.6b,6c

Athens:Ἀθῆναι 雅典（地名）

B

bad (ness):κακός 坏、恶 Chrm.156e ；Ly.214d,217b—221c

Basile:Βασίληα 国王 Chrm.153a

beauty/beautiful:κάλλος 美 / 美的 Chrm. 154

being:(μή) εἰμί,εἶναι 是、在、真 Ly. 217c

bodies/body:σῶμα 身体（肉体，肉身） Ly.217b,219a

boy(s):παῖς 儿童、孩子 Chrm.154; Ly.206e—209,211,223

C

Callaeschrus:Καλλαίσχρους 卡莱克鲁斯 Chrm.153c,169b

Carian:Καρίαν 卡里亚人 Lch.187b

cause (s):αἰτία 原因 Euthphr.10c

Chaerephon:Καιρεφών 凯勒丰,《卡尔米德篇》、《高尔吉亚篇》、《神翠鸟》对话人，Chrm.153b+

Charmides:Χαρμίδης 卡尔米德,《卡尔米德篇》谈话人 Chrm.154a+,175e, 176c

children:παῖδες 儿童 / 孩子 Ly.219d

205c

N

names: ὄνομα 名称 Chrm.163d; Lch.
197d; Ly.204e

Naxos:Νάξος 那克索斯（地名）
Euthphr.4c

Nemea, Nemean games:Νεμέα 奈梅亚
（地名）Ly.205c

Niceratus,the younger:Νικήρατος 尼
刻拉图 Lch.200d

Nicias: Νικίας 尼昔亚斯,《拉凯斯篇》
对话人；Lch.180b,182a+,186c,187a,
188a+,195a+,197d,200c

O

old age:γῆρας 老年 Lch.189c+,201

opinion:δόξα 意见、看法 Lch.184d+

opposites:ἐναντίος 对立、相反 Ly.
215e

P

Paeania:Παιᾶν 帕安 Ly.203a

palaestra:πᾰλαίστρα 体育场 Chrm.
153a; Ly.204a,206c+

Panathenaea:Πᾰνᾰθήναια 泛雅典娜
节 Euthphr.6b

pancratium:παγκρατίατιον 拳击和
角力比赛 Chrm.159c

payment:χρήματα 付费、工钱 Lch.
186c+

Persia,king of:τὸν μέγαν βασιλέα 波
斯大王 Ly.209d

Persia/Persian (s):Περσικός 波斯／
波斯人 Chrm.158a; Lch.191c

Phrygia (n):φρυγιστί 弗里基亚式的、

弗里基亚人 Lch.188d

physician (s):ἰατρός 医生 Chrm.
156b+; Euthphr.13d

piety/pious:ὅσιος 虔敬、虔诚 Euthphr.
4d+,5d+,9a

Pitthean:Πιτθέα 皮索区人 Euthphr.
2b

Plataea:Πλαταιαί 普拉蒂亚（地名）
Lch.191b+

poet (s): οιητής 诗人 Chrm.162d;
Lch.183a+; Ly.212e,214a

poetry:ποίημα 诗歌 Lch.183a+

pollution:μίασμα 腐败、堕落 Euthphr.
4b+

Potidaea:Ποτιδαία 波提狄亚（地名）
Chrm.153a+

poverty:πενία 贫穷、贫困 Euthphr.
12b

Prince of Asia:οὗ ἡ τῆς Ἀσίας ἀρχὴ
γίγνεται 继承亚细亚王位的 Ly.
209d

Prodicus:Πρόδικος 普罗狄科,《厄里
西亚篇》、《普罗泰戈拉篇》对话人；
Chrm.163d

prophecy/prophets:μαντεία 预言
Euthphr. 3c+

Proteus:Πρωτεὺς 普洛托斯 Euthphr.
15d

proverbs:λεγόμενον,λόγος 谚语 Lch.
187b,196e; Ly.207c,216c,218c

public:κοινός 公共的 Lch.179c,180b

Pyrilampes:Πυριλαμπους 皮里兰佩
Chrm.158a

Pythian:Πυθώ 庇提亚 Ly.205c